学校如何运转

HOW A SCHOOL WORKS

李希贵 / 著

教育科学出版社

·北京·

北京市名校长领航工程教学用书

目 录

第七章　组织能力

第八章　组织变革

很有意思，我们上学的时候，都知道结构的重要意义，无论是语文老师带我们分析文章，还是物理老师教我们认识世界——结构，都是一个绕不开的话题。然而，当我们进入真实社会的时候，却往往把结构抛至九霄云外。

目前的中小学管理者尤其如此。

当一位校长进入一所新学校任职时，他希望首先改善的是什么？根据我们的观察，绝大多数关注的是制度。许多时候，他会认为眼前出现的种种问题都是不合理的制度带来的。然而，当他如愿地改变了制度后，却产生了另外一些新问题，甚至更多、更严重的问题。为什么？原因可能有很多，但很多时候是因为组织结构自身有问题。

所以，有人说，在管理工作中，能用结构解决的问题，就不用制度；能用制度解决的问题，就不靠开会。

然而，在现实的管理体制下，校长们往往有一种误解。他们认为，学校的组织结构是政府确定的，不是哪一位校长可以轻易改变的。其实，我们无须触动原有体制下的条条框框，就可以在学校的组织结构方面有所作为。

我们知道，一所学校一般是由几个不同类别的人员组成的，习惯上他们被称为教学人员、管理人员和服务人员。在一些规模较大或者科研任务较重的学校里，还有教学科研人员，尽管他们中的绝大部分是来自其他各个部门的兼职人员，但他们在学校里已经成为不可或缺的群体。

如果我们希望理清学校的组织结构，并弄清其运行机制，首先要做的就是将这几类不同的人员清晰地放置到组织结构不同的部分中；然后，才能进一步界定他们在组织中各自的职能，进而通过制度把他们连接起来，以发挥组织效力。

按照杰出的管理思想家亨利·明茨伯格（Henry Mintzberg）的理论，结合中小学校实际，我们可以从功能的角度把学校组织结构拆分为五个部分，即战略高层、中层管理者、教育教学一线、支持人员和研发平台（见下页图）。

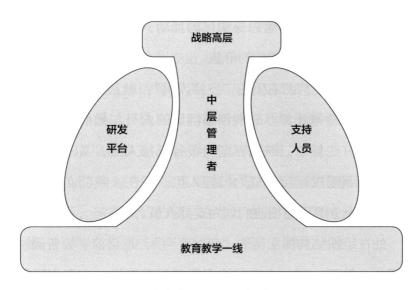

学校组织结构的五个组成部分

"战略高层"是指以校长为代表的最高决策层。习惯上，传统学校里只有管理人员群体，他们似乎都是学校的领导者，都可以对基层人员发号施令，只是因为所处的层级不同，其权力大小不同，左右基层的程度不同。然而，在上面这个组织结构图中，管理人员群体被拆分了。处于战略高层的管理者，应该像整个组织的大脑，不能越俎代庖，权力也应该是有限的，既不可一竿子插到底包打天下，也不应该左右横行，缺乏相互制衡。管理者应该运筹帷幄，以战略高层的身份和工作方式履职。

"教育教学一线"是学校产出最终效益的部分，它是学校的心脏，也是学校存在的理由，其主体人员就是直接从事教育教

第一章

战略高层

尽管我们经常在一些校长论坛上听到关于学校自主权缺失的抱怨，但回到校园里的校长大部分时间却纵横驰骋。一方面，校长们大多认为自己肩负办学的全部压力，缺乏对自我责任的清晰认知，或者说，他们并不清楚自己应该如何履行校长的战略性职能，于是在战略高层当仁不让，权力独揽；另一方面，大部分校长在战略高层无所事事，不甘寂寞，他们喜欢一竿子插到底，放纵权力，无所不为。

战略高层由多个治理主体组成

一家规范的公司，其战略高层绝不是总经理一个人，还包括股东大会、董事会、监事会等，各自的责任、权力、利益并不相同，互相制衡，形成一个相对安全的治理体系。

一所学校，同样不可以把责任和权力集中于校长一身。从现状来说，至少应有六大治理主体，共同组成战略高层。它们包括学校党组织、教职工代表大会、校务委员会、学术委员会、家长代表大会和学生代表大会（见图1-1）；民办学校还应该有董事会。

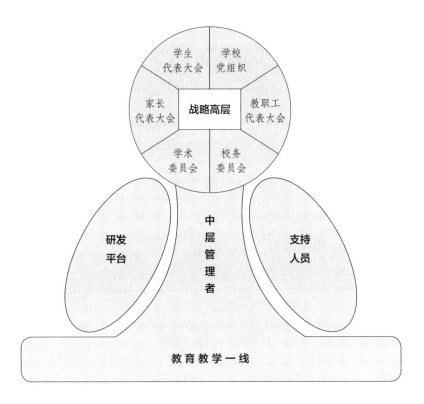

图1-1 学校的战略高层由多个治理主体组成

学校党组织在学校起政治核心作用，保障学校的办学方向，充分发挥党组织的战斗堡垒作用和党员的先锋模范作用，自觉担负起培养接班人的历史重任，在学校的重大决策中发挥关键作用。

何为重大决策，比较容易理解；如何发挥关键作用，却需要掌握好分寸。许多学校里发生的党政不协调，书记、校长闹矛盾，大都是因为权力的错位。许多时候，是因为人们对关键作用的理解有偏颇。

譬如，干部任免权，在目前的法律法规框架下，中小学实行校长负责制，但这绝不是校长一个人说了算。在各方充分酝酿的基础上，提名权归校长，组织考察的环节归学校党组织。考察组通过听取民意，进行民主推荐，形成考察结果，并提交学校党组织审议。只有符合任职条件的提名人选，才能得到校长的最终任命。

又譬如，财务权，学校党组织不可能本末倒置，钻到财务账簿里去，但对学校里的重大开支和敏感性收支，学校党组织必须参与审议，且拥有监督权。

更为重要的是，学校的育人目标、课程方案，尽管最终的决策权在教职工代表大会，但在提交教职工代表大会审议前，应该首先提交党组织把关、定向。

如此说来，党组织在学校重大决策中发挥关键作用，不是代替行政主体做事，而是在关键环节上起到四两拨千斤的作用。

教职工代表大会是学校教职工依法参与学校民主管理和民主监督的基本形式，负责审定学校章程、发展规划、教育教学改革等重大问题。特别要注意的是，事关教职工切身利益的事

在家长代表大会闭会期间，由它选出的家长委员会作为常设机构，负责处理日常事务。

学生代表大会的代表由学生选举产生，在事关学生切身利益的事项上，如有关学生的规章制度、奖惩办法、食堂管理、校服选用等事项上，拥有部分决策权。学生代表大会闭会期间，由学生会负责日常事务。

治理主体之间的制衡

明确了各治理主体的权力后，必须同步设计对权力的制衡机制，以防止任何一方的权力过度膨胀，误入决策陷阱。

教职工代表大会对校长的权力予以制约，学校所有重大事项必须经教职工代表大会审议，且必须采取无记名投票的方式审定，投票结果必须当场公布，任何组织和个人均无权改变教职工代表大会通过的方案。为进一步约束校长的日常决策行为，可以设计每年一次的对校长的信任投票，达不到规定比例的信任票，即可启动免除校长职务的程序。

为防止教职工代表大会决策因时间变化、上级政策调整等各种原因带来的失误，特殊情况下，校长有权对教职工代表大会通过的方案提出暂缓实施的建议。提交教职工代表大会主席团同意后，校长可对有明显问题的方案或有关条款实施冻结，并待下一次教职工代表大会审议修改后实施。如有必要，也可经教职工代表大会主席团同意，提前召开教职工代表大会对相应方案进行修订。如教职工代表大会通过审议认为原方案没有修改必要，则仍按原来的方案执行，校长不得再次干预。

同样，在学术领域里，学术委员会为最终决策机构。当然，对学术委员会也要有相应的制衡。比如，学术委员会成员候选人由校务委员会提名，提交教职工代表大会审定，达到80%以上赞成票方可当选；三年一个任期，每个任期结束时必须调整三分之一的委员。学术委员会由三位委员轮流担任主席，每位轮值主席主持一年工作。特殊情况下，校长如果认为学术委员会决策存在明显问题，可通过校务委员会审议，对学术委员会的决定提出重新审定的议案。学术委员会可进行二次审议，如二次审议仍维持原决定，校长则不得再次干预。

案例1-1 北京市十一学校章程（第二章）

第四条　学校实行分权制治理结构。学校党委、教职工代表大会、校务委员会、学术委员会、学生代表大会、家长代表大会等组织，共同组成学校权力机构，分别决策相应事项。各治理主体互相制约，防止决策失误或某一方权力过度膨胀。

第五条　学校党委要保障国家的教育方针在学校贯彻落实，保证正确的办学方向；全面负责学校党的思想、组织、作风、廉洁和制度建设；领导学校德育和思想政治工作，培育和践行社会主义核心价值观；领导教职工代表大会和工会、共青团、少年先锋队等群团组织。学校坚持党管干部原则，在选人用人中发挥党组织主导作用；坚持党管人才原则，党组织参与讨论决定学校人才工作政策、措施。

第六条　学校坚持教职工代表大会讨论审定学校重大方针政策的民主决策机制。关系学校发展和教职工权益的重大问题，包括学校行动纲要、战略规划、人事聘任方案、工资分配制度、职称推荐方案、学术工作管理办法等，必须经教职工代表大会审议通过后方能实施。投票结果必须当场公布。任何组织和个人均无权改变教职工代表大会通过的方案。教职工代表大会审议采取无记名投票制度，除会议议程等有关程序性事项外，所有方案不得采取举手表决或鼓掌通过方式。

第七条　教职工代表大会每年八月底对校长进行信任投票，采取无记名投票方式，并当场公布投票结果。达不到60%的信任票时，校长必须向上级党委提出辞职；达到60%但连续三年未达80%的信任票时，校长也必须向上级党委提出辞职。

第八条　经教职工代表大会代表20人及以上提议，可临时召开教职工代表大会，提请对校长的弹劾或对有关政策方案修改的建议议程。经全体代表60%以上同意后，方可启动弹劾校长或修订政策方案的程序。

第九条　教职工代表大会每年八月底听取中层及以上干部述职，并进行无记名满意度测评。测评结果提交校长作为聘任干部的依据，对未达60%或达到60%但连续三年低于80%满意度的人选，新年度不得聘任为中层及以上干部。

第十条　为防止教职工代表大会决策因时间变化、上级政策调整等各种原因带来的失误，特殊情况下，校长有权对教职工代表大会通过的方案提出暂缓实施的建议，提交教职工代表大会主席团同意后，可对有明显问题的方案实施冻结，待下一次教职工代表大会审议修改后实施。如有必要，也可经主席团同意，提前召开教职工代表大会，对相应方案进行修订。如教职工代表大会认为原方案没有修改必要，则仍按原来的决策执行，校长不得再次干预。

第十一条　学校设立校务委员会，主要由校长、副校级干部和主持年级教育教学工作的干部、工会主席等组成。校务委员会由校长主持，为"三重一大"（重大事项决策、重要干部任免、重要项目安排，大额资金的使用）决策机构，负责领导学校课程建设和教育教学工作，决定教职工的劳动合同聘任，确定各年级各部门岗位编制及职级总量，决定年度财务预算，按照相关规定决定对教职工及学生的奖惩。校务委员会采取审议制，当无法达成一致意见时，校长具有最终决定权，责任由校长承担。

第十二条　学校设立学术委员会，也同时作为教师职称初评委员会，负责教师职称初评，特级教师和市区学科带头人、骨干教师的推荐，学校学术工作室的设立、管理与评价，重大科研项目的招标。组成人员由校务委员会提名，提交教职工代表大会审定，达到80%以上赞成票方能通过。学术委员会由三位委员轮流担任主席，每位轮值主席主持一年工作。学术委员三年一个任期，每个任期需调整三分之一委员。为保证学校行政工作与学术工作的良好沟通，学术委员会轮值主席列席学校校务委员会议，学校分管人力资源工作的校务委员列席学术委员会议。特殊情况下，校长如果认为学术委员会决策存在明显问题，可通过校务委员会审议，对学术委员会的决定提出重新审定的提议，学术委员会可进行二次审议，如二次审议仍维持原决定，校长则不得干预。

第十三条　学生代表大会是学生民主自治组织，是学校与学生联系的桥梁和纽带。对事关学生切身利益的事项，如有关学生的规章制度、奖惩办法、校服选用、食堂管理等，学校应通过学生会广泛征求学生意见。每年召开学生代表大会，代表对学校相关事项可以提出建议案，学校相关方面必须做出回应。

第十四条　家长代表大会由家长推选的教师代表和家长代

表组成，负责沟通学生教育、学校管理的相关事项。对一定时期学校教育教学工作提出建议，对学校相应管理制度提出修改意见，对与学生工作相关的诸如行为规范、食堂管理、住宿服务、校服选用等事项提出建议。学校相关部门必须及时听取，随时协商，并做出回应。

（张之俊供稿）

校务委员会的人员构成

大部分治理主体的人员构成都是特定的群体。学校党组织的人员构成有非常明确的要求，学术委员会则一定是由学校里教育教学一线的学术高手构成，学生代表大会和家长代表大会自不待言，只有校务委员的人员构成需要认真斟酌。

在目前的传统学校组织结构里，校务委员会大多由校长和副校级干部组成。这些副校级干部各自分管一项工作，或党务，或行政，或教学，或后勤，或群团组织，有相当比例都不在教育教学一线，他们与老师、学生之间有的还隔着几个管理层级，在校务委员会议上难免脱离师生诉求。这不是因为他们水平不高，也不是因为他们心术不正，而是岗位使然，所谓屁股决定脑袋。

我曾经访问过一所国际学校，其董事会成员90％来自当下在校生家长代表。结果，董事会的许多决策令校长、老师很是头疼，因为这些董事的身份使他们过度关注学校当下的运作，过度关注眼前利益。譬如，他们决定，任何家长在任何时间都可以来学校，可以随时推门到任何一间教室听任何一位老师的课。家长不仅可以即时要求老师听从他们的意见，而且可以随时约谈校长；不同的家长甚至提出相互冲突的诉求，更有甚者要求校方对其要求照单全收。这种对教育教学专业工作的过度干预，常常令校方和老师无所适从，甚至哭笑不得。然而，董事会却对学校加建一个艺术馆的项目迟迟不予批准，因为董事们对一个需要几年时间才能修建完成的建筑不感兴趣，这个艺术馆也许到他们的孩子毕业后才能竣工。

我举这个例子意在说明，要首先构建好一个决策委员会的人选结构，因为仅靠决策的流程不能诞生一项好的决策。一所以学生成长为中心的学校，它的决策机构的成员一定是离学生最近的人员占主体，因而，年级主任、学科主任的代表自然应该在校务委员会里有更多的席位。有些学校的校务委员会甚至会给学生留席位，以使决策始终能够考虑他们的诉求。当然，学校的所有决策不可简单迎合学生当下的诉

> 一所以学生成长为中心的学校，它的决策机构的成员一定是离学生最近的人员占主体。

求，还应高瞻远瞩地引领方向，以利于学生长远发展。

为了工作方便，有些行政事务与外界联系较多，其相应的职位也需要有较高的级别，如应对社会上诸多方面的联络工作，也就是公共关系，为此设一个副校长的岗位会比较方便。然而，并不一定所有的副校级干部都进入校务委员会，而年级主任、学科主任尽管级别不高，其代表却可以更多地进入决策层，以调节决策的方向，确保学校中心工作的地位。

切割权力链

处在战略高层的各治理主体，尤其是作为行政管理主体的校长，必须学会切割权力链，向组织里的中层和基层人员分权。

> 让听到炮声的人指挥打仗。

人性的弱点让拥有权力的人很难抑制行使权力的冲动，他们常常因为身处高位而把手伸得很长，甚至用权力把自己打扮成无所不能的人，于是，一个组织的危机由此产生。

事实上，战略高层中的各个治理主体，不过是在各自的工作领域中拥有有限的权力，而且在自己特定的权力链条上，也并非一贯到底。因此，有必要根据各自承担责任的需要，对权力链进行切分，让处于不同层级的人们分享相应的权力。这就是我们常说的，让听到炮声的人指挥打仗。

让我们先来看一下学校里的财务权力链及切割结果（见图1-2）。

图1-2 学校财务权力链的切割图示

财务权力链的切割，主要是为了方便肩负责任的中层和基层单位花钱，既让他们通过制订年度预算以增强年度工作的计划性，又让他们可以一次性获得年度预算内经费的签批权。只要是年度预算内的经费，经过一次性审批后，他们就可以根据工作需要，自主签批开支。这给工作带来了空间，也带来了效率，同时也节省了校长的时间。

当然，对财务权力链的切割，我们还遵循另一个原则，即不让有权的人理财，不让理财的人有权。作为战略高层的

校长，只有审批和审查各预算单位年度预算的权力。在这个过程中，他可以引导各预算单位，通过资金

> 不让有权的人理财，不让理财的人有权。

的投向，突出工作重点，实施学校战略。然而，校长本身没有单独的预算，他不可超出各预算单位的预算签批任何开支。也就是说，在财务处，他的签字是不能报销的，以机制保证校长的权力干净。财务总监获得校长授权，拥有"一支笔"签批权，但是，他只能在已经批准的年度预算内审批，主要审查各预算单位的开支与已批准的年度预算是否相符，有没有"把买盐的钱拿来打酱油"，此外就是对发票的真伪等技术性的问题把关。财务总监无权超越已批准的预算签批，也不可干预各预算单位预算内的开支。每一个权力主体各司其职，相互制约。每个财年，学校聘请社会上的会计师事务所进行第三方审计。对这样的审计活动，财务人员和财务总监必须回避，审计工作直接受校长领导。

学校人事聘任权力链的切割也大致如此（见图1-3）。

即使在教育教学领域里，也是应该切割权力链的（见图 1-4 ）。

图 1-4　学校教育教学领域权力链的切割图示

这样的权力链切割是基于对规律的尊重。

一是尊重各个学科不同的教学规律，在学科改革方向、课程开发思路、课堂教学模式等专业领域，给每一个学科留足空间，防止全校推行同一种教学模式。

有些朋友说，在现实的学校里，那些推行同一种教学模式的学校，其教学效果并不差。在这里，我想追问一句：我们如何理解和评判教学效果？那些违背学科规律的做法，可能也会取得当下的分数，但却不是教育的根本追求。

二是尊重不同教师不同的教学风格。我们认为，教学工作是富有创造性的工作，每一位教师的智慧都应该得到充分释放，而且，正是因为他们不同，他们对学生成长的影响才可能是多元、健康、平衡的，也是安全的。这样的教育更像农业，看上去效率不高，但却润物无声，有着良好的生长生态。

三是两头把关。校长拥有确定课程方案的权力，这从起点上保证了国家课程方案与学校育人目标的落地，而年级主任的质量管理则在各个学科之间的平衡中，保证学生全面发展。

另外，教职工代表大会与主席团、工会委员会、工会小组的权力切分；学生代表大会与学生会、年级学生会的权力切分，都是学校治理中必须正视的问题。

组织战略的管理

尽管一个组织的发展战略与每一个部门、每一个岗位都有关系，尽管若干管理学著作都告诉我们，战略的形成应该是一个全员参与的过程；但是，身处战略高层的人必须清楚，自己对组织战略负有主要责任。

学校的战略管理不像企业那样对一个组织攸关生死，但也非同寻常，因为它事关我们是不是在做正确的事。

有关战略管理的论述汗牛充栋，管理工具也可谓车载斗量，但总的来说，无非有以下几个关键要素。

第一个要素是组织的使命和战略目标。

使命是以简明扼要、直截了当的方式阐述组织价值：我们这么一帮人聚在一起到底想干一件什么样的事情，这件事情有什么意义吗？

在这个方面，每一个伟大的组织都有各自不同的追求。比如，苹果公司的使命是借推广公平的资料使用惯例，建立用户对互联网的信任和信心；华为公司的使命则是聚焦客户关注的挑战和压力，提供有竞争力的通信解决方案和服务，持续为客户创造最大价值。而学校，尤其是中小学，却往往对组织的使命敬而远之。大家似乎以为此事无须多说，或者说对此事心知肚明：哪一所学校不是教书育人呢？我们不可能制造不同的产品。

事实上，即使同为教书育人，一所学校同样可以做出与其他学校不一样的业绩，为社会贡献不同的价值，包括在学校教育的某一方面、某一领域，照样可以有所作为，并以此推动社会进步。

陶行知先生创办晓庄试验乡村师范学校，是为了以教育为主要手段改善人民的生活。严范孙、张伯苓创建敬业中学堂（南开中学前身），则是为了倡导并培养爱国、爱群之功德，服务社会之能力。

北京市十一学校的使命是创造适合学生发展的教育。在工业社会向知识经济社会转型的过程中，我们已经感受到社会对人才需求的变化。学校不能继续沿用传统的流水线式的育人模式，必须最大限度地通过课程的丰富性、选择性帮助学生唤醒自己、发现自己，并成为最好的自己。这样的使命往往已经跳出自己的组织，站在更高的层次上思考自身的价值。

战略目标是一个组织在一定的战略期内，预期取得的主要成果。它具有宏观性，是一个组织发展的总体设想，具有相对的稳定性，在战略期内一般没有大的变化。然而，战略目标同时又是可分的，它可以分解为若干具体目标、具体任务和具体要求。战略目标也是可衡量的，在什么领域、什么时间达到什么效果，是可以评估的。这一点十分重要。

基于此，组织战略就必然拥有第二个要素，即关键成功因素及指标。

关键成功因素是指完成战略目标进而实现使命的必备要素，一般应该有6—8项。比如，苹果公司的关键成功因素包括不落俗套、实用、拒绝复杂、客户至上、全面营销、忘记过去、再创造等。华为公司的关键成功因素则包括奋斗精神、否定自我、低调务实、危机意识、文化根基、产品创新。

仅仅明确了关键成功因素远远不够，还必须同时为每一项关键成功因素细化具体指标，使其可以落实执行，可以评估考核。譬如，苹果公司的"拒绝复杂"，据说他们内部对此就有几条硬性的解读，不得违背；而华为的"奋斗精神"在员工和高管的工作乃至生活方面都有具体而明确的要求。

组织战略的第三个要素是战略改进领域。这是说，要实现战略目标，在一定的战略期内，必须做出重大调整的工作领域。比如，苹果公司可能已经在眼镜这个领域抢占了人工智能的高地，折叠手机可能就不是它的战略选择，而华为在5G商用方面狠下血本。重大领域的改进，决定一个组织的明天。

北京市十一学校因为"创造适合学生发展的教育"这一使命，就必然在特定的战略期里重点改进课程架构和课堂教学，舍此无他。

组织战略的第四个要素是价值观和行为准则。把它放在后面来讨论，恰恰是因为它十分重要，它是建立组织使命和战略目标的哲学基础，也是一个组织存在的理由。有关这方面的论述比比皆是，在此不再赘述。

第五个应该关注的组织战略要素，是对外部世界的关注。企业更关注竞争对手，学校则必须关注社会的变化。社会对人才需求的趋势，必然要求学校对培养目标做出调整，这当然事关组织战略。

最后，我们特别强调的，是组织战略的一致性。从价值观、行为准则到使命、战略目标，尤其容易错位的关键成功因素及其指标，要有一致性。许多组织缘木求鱼甚至南辕北辙，往往是因为在组织战略各要素的一致性上出了问题。

案例1-2　北京市十一学校战略

使命：创造适合学生发展的教育。

战略目标：一流的质量，卓越的团队，能够让教师过体面生活的待遇，成为师生精神家园和成长乐园的和谐学校。

关键成功因素：教师、课程、个别化、内动力、国际化、数字化、生源、标准化。

关键成功因素指标：

一、教师

1.充分认识师生关系在提高教育教学质量中的基础性、关键性作用，增加师生相处机会，确保必需的师生相处时间，形成敬业乐业的教师文化。

2.人人都是教育者，每一位教师都必须自觉担负起立德树人的使命。

3.全人教育能力。重视对教师管理能力和管理素养的培养。加强教学班建设、领导学生内心、塑造学生健全人格，需要高超的教育艺术，仅有学科教学能力已经无法应对今天的教育工作。

4.树立高远志向。每一位优秀教师都要具有成为教育家的理想，引领更多的老师成为学生喜欢的老师。

5.尊重教师的个人教学风格，总结一线教师的创造性成果，挖掘日常教学的独特价值，营造优秀教师成长的氛围。

6.让更多的教师能够承担六年一贯的教育教学任务。

7.实施教师身心健康工程，实行个性化健康服务。

二、课程

1.落实课程首席教师负责制，实行课程组独立预算。

2.进一步明确每一个课程的定位，充分挖掘其课程价值，不随意更改，不随波逐流。

3.加强高端课程与自主招生课程、竞赛课程的整合研究，进一步构建适合特别优秀学生需要的课程体系。

4.加强课程实施的诊断，不断修正和完善课程内容及实施方式。

5.缩短单位课程教学时间，增加选择机会，启动课程动力。

6.构建优质课程奖励机制，引领课程建设走向更高层次。

三、个别化

1.认真研究24人以下教学班的课堂教学规律，实现课堂教学向个别化教学方式的重大转变。

2.最大限度减少学校、年级、教学班的统一活动，研究常规工作个别化实施的操作办法。

3.建立学生个别化分析和诊断机制。

4.任何人不得占用学生的自主时间，对课堂教学以外的时间要确保学生自主安排，确因工作需要，必须通过规范的程序与学生协调，并报学校批准。

5.研究和分析每一位学生的学习路径，以学习路径分析带动和推进个别化教学。

6.加强实施个别化学习空间的建设。

四、内动力

1.学生的内动力是在做自己喜欢的事情的过程中自然而然产生的。通过提供富有选择性的课程和课外活动，为学生搭建平台做自己喜欢的事情，并从中培养自己的责任意识，是激发内动力的基本途径。

2.让学生充分体验自主学习带来的成功体验，特别要利用小学段的机会，科学设计，认真实施，让学生感受到自主学习的成效。

3.通过目标设定、职业考察、生涯规划，引领学生成长的自觉性。

4.学会等待。学生内动力的生长非一日之功，但每一项工作都可能朝着目标逼近，重要的是始终如一的坚持。

5.考试等压力带来的动力不可能成为内动力，一旦压力消失，动力也自动消失。因此，不要试图通过施压作为激发学生内动力的手段，但要通过对命题的研究，让考试内容本身成为激发学生学习动力的重要环节。

五、国际化

1.高水平、高定位将学校建设成为国际化学校，立足全体学生的国际化教育，努力培养具有国际视野、通晓国际规则、能够参与国际事务和具有国际竞争力的国际化人才。

2.进一步完善已经引进的国际品牌课程，将其先进理念和优质资源融入我校的课程，优化学生的国际教育课程，打造北京市十一学校的特色课程。逐步开发中外合作校本课程。重视艺术、体育、技术等课程在学校国际化建设中的作用。

3.丰富国际教育课程，引进国外优质课程资源，全面实施分层、分类、综合课程，最大限度提供选择性课程。

4.重视国际教育师资队伍建设，加强优秀双语教师的培养力度，逐渐形成内培和外引并重的用人机制，全面提升学校教师队伍的国际化水平。

5.重视与非英语国家的教育交流与合作。

6.扩大留学生国别，开发新的生源地。

六、数字化

1.注重对基础网络通信设施的升级改造和专业规范维护，确保数据传输安全、稳定。

2.加大基于移动互联网和传统桌面端应用的同步互通，确保信息的发布和接收能有效到达和反馈。

3.加强自动化数据处理技术手段在教育教学诊断分析中的使用，为教师及管理者等提供有效、直观的图表分析及决策依据。注重累积教师、学生成长及学校常规运行的相关数据，形成大数据模型，为教育教学提供服务。

4.重视教师在移动互联背景下常态化、主流化办公应用的使用习惯培养、应用水平的提升，更新完善学科十大必备技术素养，并帮助老师掌握。

5.加快各个学科O2O教学模式的探索，基于学科实际需求，逐渐形成一些典型性教与学线上线下融合的做法。

6.研究学生自带设备后，其学习习惯与学习方式、交往方式的转变，以及对硬件配置和新型学习空间的需求，改造软硬件环境，为学生主动学习和个性化成长服务。

7.充分考虑各方需求，整合相应资源和服务，推动主要平台功能完善和双语化，满足师生的大部分需求。

七、生源

1.始终坚持通过提高教育教学质量、打造学校品牌以改善生源的基本价值取向。尤其是要通过构建优秀学生成长平台、开发优秀学生课程体系、提升优秀学生培养质量，吸引优秀学生选择北京市十一学校。

2.在校学生和家长的认可，是我们最重要的招生广告。人

对组织边界的管理

学校不是一个孤岛，理论上我们都同意这样的观点，但在实际工作中，我们却习惯于把学校当作一个孤岛进行管理。我们或者不屑于外部事务，或者把外部事务视为对学校的干扰，当然，我们也不愿意对此进行研究。

让我们先来看一个学校的外部变量图（见图1-5）。

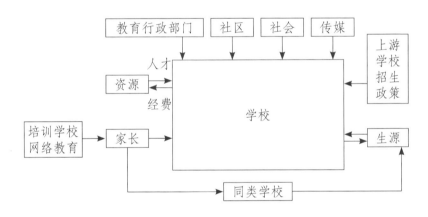

图 1-5 学校外部变量图示

这个外部变量图看上去有些复杂，需要管理的外部人员、部门、领域很多，对我们蜗居在校园里的人来说，看一眼就有些心烦意乱。但是，没关系，只要我们把握好一点，就可以找到应对的钥匙。这把钥匙就是：关注对方的利益。

对教育行政部门的利益如何关注？我们所有的事情不都是

给教育行政部门干的吗？对了，这正是问题的根源。大部分时候，我们对领导要求过高，不太考虑领导的利益，仅仅要求领导能关注我们的利益。于是，和领导的沟通常常难以深入，尤其是在谈到那些你认为对学校很重要的事情的时候，你满以为会看到领导们全神贯注的眼神，可是，事实上你经常看到的却是领导们有些飘忽的神情。不要见怪，教育行政部门的领导们如果不关注自己岗位赋予的责任，也是失职的表现。

每年教育行政部门的工作计划，甚至政府的工作报告，都是我们寻找对方利益的源头。从那里我们可以发现他们的所思所想，发现他们的重点、难点，发现他们的目标战略。我们需要做的就是，把学校的一项一项工作，转化为教委工作链条上的一个个环节，变成政府整体工作的一部分。学校的一切工作都可以与其耦合。这里，有一个很简单的衡量方法，就是看领导在进行工作总结的时候，是不是把我们的工作纳入其中。

对媒体的利益也能关注吗？我们在参加危机管理培训时，专家们总是告诫我们要"防火防盗防记者"，怎么可以再去关注他们的利益？其实，以防范的心态对待媒体，这就阻塞了共赢的通道。媒体是社会的良心，正是媒体的存在，才让我们对社会有了更加宽广的视野和深度的思考，从而促进社会进步。但是，媒体的特征又使他们对奇闻异趣特别关注，他们对各种负面新闻必然兴趣盎然。

　　我们不应该回避媒体，而是要关心他们的需求，让学校不断发生一些他们关心又充满正能量的故事，让一些有趣的元素融入充满设计感的活动之中，而这些事情又恰恰能传播学校的价值观。这样一来，媒体可以完成他们的任务，学校也得到了推介，两全其美。

　　对同类学校的利益如何关注？他们不是竞争对手吗？请注意，不要把任何人都作为竞争对手，即使对方这样做了，你也不要步其后尘。你要做的就是保护好对方的利益，在拓宽自己前行的道路时，确保不要在对方的道路上挖坑。譬如，大家都视优秀教师为自己的命根子，因此，一所负责任的学校，就不可觊觎周围同伴学校的骨干人才。和平相处，竞争适度，就是我们与周边学校的共同利益。

　　对家长利益的关注最为重要，也是工作量最为繁重的，从根本上说就是要从学生的未来发展中寻求共同利益。我们与家长之间发生的冲突，大多是短期利益和长期利益的冲突。

　　实现对组织边界的有效管理，需要战略高层在梳理组织内部结构时同步思考组织各部分与组织外有关方面的关系。我们必须正视外部的变量，把它们作为学校发展的一部分——也是学校管理的一部分，在学校内部组织结构的设计中，形成与之具有耦合关系的岗位或部门。这样一来，在内部结构形成的同时，也就拥有了与外部变量和谐共生的联系。

　　这就要求我们在规划学校组织内部各部门、各岗位职能时，内外兼顾。兼顾的目的，当然是为内部师生的发展服务。

　　当然，还有许多外部的工作与学校组织内部都没有直接的关联，人为地将其划分给任何一个部门都难以很好地融合。对此，在进行组织结构设计时必须有所考虑，这也是许多企业设立公共事务部的原因。

　　所有这些与外界的互动，如果全部落在校长身上，势必影响校长的中心工作。因此，设置一个类似公司首席运营官的角色，如常务副校长，综合协调处理相关事务，对内管理相关支持人员，对外沟通、协调、联系相关部门，可以有效缓解校长的工作压力。但这个岗位并非学校的"二把手"，他不应该对教育教学一线拥有指挥权。只是在外界看来，他的样子很像学校的总管。

第二章
教育教学一线

凡是在学校工作过的人都清楚教育教学一线的重要性，它是学校最终产生教育效益的地方。我们所有的努力，如果最终没有在这里发生作用，那就不仅是无用功，甚至还会带来干扰。为此，明茨伯格曾经警告我们，运营核心是每个组织的心脏，它生产关键的产品，确保组织生存下去。也就是说，如果作为学校运营核心的教育教学一线出了问题，学校就可能倾覆。

教育教学效益从何而来

许多组织出问题往往因为没有把劲用到该用的地方，人力、物力、精力都没有调配到组织产生效益的环节。

教育工作最大的特征是人对人的影响，因而一所学校产生效益的环节，肯定在师生相处的地方，因为在这里最有可能产生教育效益，带来学生成长。

因此，我们必须关注两个基本问题：一是如何增加师生相处的时间，二是师生相处时怎样产生最大效益。

在师生相处时间方面，我们与教育发达国家和地区尚存差距。一是因为班额。面对60位学生和面对30位学生组织教学，平均每位学生与教师个别接触的机会，有天然的差别。二是因为我们对教师工作的理解。除去一些地区师生比确实没有达标外，大部分学校的班额过大，与我们教师的周任教课时数量有关。在教育比较发达的国家和地区，教师每周任课在26—30节之间，平均每天有5课时以上。在他们看来，只有上课的时候，只有和学生在一起的时候，才算是在工作。这是长期形成的一种文化。在我们大部分学校里，教师的周课时一般在12节左右，但我们却感到忙得很，备课、教研、批改作业、开会，不仅占去我们的大半时间，有时候，这些事情的重要程度甚至超过课堂教学，因为这些工作常常有具体的考核与评价。

然而，对教育工作来说，不和学生在一起的时间，如果你说产生了巨大的教育效益，对此恐怕我们就要打一个问号。

如果教室宽裕或者有可供改造为教室的各类建筑空间，我们建议把班额缩小，这样，在师生比不变、不增加教师的情况下，就可以增加教师的周课时数，以增加师生相处的时间和机会。这样一来，表面上看，教师似乎增加了不少工作量，其实，教师平均面对的学生数并没有增加，批改的作业、辅导的学生都没有增加，只是在教室和学生待在一起的时间增加了。

这不仅给教学方式的改变带来机会，而且使大量的个别问题可以有机会在课堂上随时解决，减少了课后个别辅导时间。

师生相处时怎样才能产生最大的教育效益？一千个人有一千个回答，一万个人有一万种策略，从学校组织结构的角度无法探究，然而，为每一种不同的策略和智慧奠基却是组织结构构建的应有之义。奠定什么样的基础，才能产生最大的教育效益？赫伯特·斯宾塞（Herbert Spencer）曾说，不要希望儿童有大量的美德，教育者的全部奥秘就在于如何爱护学生。如果你讨厌学生，那么你的教育还没有开始实际上就结束了。可见，师生关系正是教育教学一线产生效益的关键性基础。教育教学一线无论选择什么样的结构，都应当以构建良好的师生关系为第一原则：

平衡管理与教育的分量

现在的校园里，学生在老师人前身后常常表现不一。当他们以表演的姿态出现在教育者面前的时候，我们就很难发现真实的学生，也就很难找到教育的起点。当然，教育效益也就无从谈起。

出现这一问题的原因很复杂，但根本的原因是校园里的过度管理。

过度管理的突出特征就是不允许学生出问题、犯错误。这样的管理追求，与成长期孩子教育的本质形成对立。学生为什么来学校？世界上大部分国家为什么都把基础教育锁定在十八岁结束？根本的原因是要把孩子尚不成熟的时间留在学校里，把孩子交给老师们陪伴、引导。在这段成长期里，孩子的情商、智商错综发展，动力系统、制衡系统错位生成，稍不留神，就会掉入陷阱，就会跌入沟壑。正是这样的经历、这样的体验，让每一个孩子渐次长成。从某种意义上说，学校是孩子犯错误的地方。在这里，犯错误的成本最低。在这里犯过的错误，孩子将来到社会上能避免重蹈覆辙。

> 学校是孩子们犯错误的地方。在这里，犯错误的成本最低。

教育教学一线的结构与机制，如何与教育的本质追求相统一？一个具有包容性的一线组织应该如何设计？从根本上说，要平衡管理与教育的分量。

过度管理的表现之一，是学生没有公共空间。在传统的校园里，每个空间都是功能性的。学生在每一个空间里，都有明确的规定动作。学生缺少一些可以挥洒自我、暴露自我，有自选动作的场所。学校变得刀枪不入，水泄不通。在这样密不透风的氛围里，成长很容易窒息。

过度管理的另一个表现，也是致命性的问题，是把所有学生的所有表现，与教师的工作业绩简单挂钩。每个班学生获得的荣誉和犯下的错误，均累积成分数，最终用来决定教师的薪酬。这样的制度必然引诱人性中的魔鬼出洞。制度的斤斤计较必定带来教师与学生的斤斤计较，使教师面对学生很小的错误便可能大发雷霆，面对始终后进的孩子则很容易情绪失控。这不是因为教师的素养不够，而是因为管理的机制有问题。

我们当然不能放任对学生的管理。一所没有规则的学校，必然没有良好的校风。但更重要的是，我们如何对待管理中发现的问题。理智的做法应该是对不同年龄、不同特点的学生可能出现的问题进行梳理、汇总。比如，初一年级学生可能出现以下问题：

1. 不会规划时间，导致大量自习时间及课余时间被浪费。

2. 书包凌乱，经常找不到学习用具。

3. 在电梯内拥挤，大声说话。

4. 忘记家庭作业的具体内容。

5. 看言情小说，开始讨论异性。

6. 小团队间互不认可。

承认这些问题客观存在是让我们保持心平气和的基础。允许这些问题在一定时间里出现，才是教育的开始。当我们的运行机制允许学生犯错，并给教师留足陪伴、引导、教育的时间与空间时，容错机制才可能形成。

> **案例2-1　北京市十一学校不同年级学生易出现的问题（举例）**

一、初二年级学生易出现的问题

•学习上两极分化开始明显。

•初步适应了初中生活，但离中考还有一段距离，暂时出现目标不明确、纪律松懈的现象。

•部分学生一两个学段成绩提升不明显，出现动力不足、懈怠现象。

•初一时较松散，到了初二，学习难度加大后，缺乏耐心和毅力。

•有学习潜力但不用功的学生（男生为主），成绩出现较大滑坡。

•摆不正兴趣与学业之间的关系，为了兴趣暂时放弃学习。

•没有完全养成良好行为习惯，对学校规则有些淡漠。

•参加的课外班过多，影响课内学习任务的完成。

•手机管理：有些学生仍然存在侥幸心理，或者意欲挑战权威和规则。

· 叛逆意识增强，不想跟老师说心里话，听不进老师的建议。

· 思想日渐成熟，对父母的反应与批评变得敏感，与父母的冲突增多。

· 比较敏感，一言不合便容易引发肢体冲突。

· 随着同学之间彼此熟悉，个别学生出现男女生交往现象，但尚处于萌芽阶段。

· 个别学生错误地认为语言不文明是成熟的表现。

二、高一年级学生易出现的问题

· 进入新学校，因不熟悉教室、场馆和资源所在的具体地点等，暂时不适应。

· 学习内容增多、难度加深，学习方法不适应。

· 优秀的同伴造成压力，造成自我定位不准确，丧失内动力。

· 从外校考入的学生，各方面表现可能不如在初中时突出，因此产生失落和自卑。

· 面临选课和选考，因自我认知不清晰、自身定位不准确产生迷茫。

· 部分焦虑的家长教育方法不当，影响学生的心理及在校表现。

· 初入学校没有新朋友，产生孤单感，进而引发焦虑。

· 从初中管理比较严格（或环境比较单一）的学校考入的学

生，没有培养起自主规划能力，适应能力不强，课堂表现和作业情况出现较大问题，变得烦躁。

• 学生独立的欲望给家长造成分离焦虑，影响学生情绪及年级日常教育教学。

• 喜欢网购化学药品，出现重大安全隐患。

• 父母双焦虑家庭开始出现，学生抑郁倾向较明显。

（周志英、邢凤玉、李红玉、周劢供稿）

学生成长责任中心

长期以来，在学校组织结构的设计上，人们把教育和教学分置，这导致对学生的教育无意中被撕裂，造成班主任和各科任教师对德育和教学各负其责。这并不符合人才培养规律。我们似乎是为了分清责任而设计管理方式的，至于这样的管理方式最终带来的教育效果如何，我们却无暇顾及。

选课走班给我们带来的最大挑战是，每一位学生的学习路径、方式、节奏都不一样了。即使保留原有的行政班，也很难以原来我们习惯的方式实施大一统的教育。我们是选择视而不见呢，还是直面问题，真正去切实地研究"每一位具体而真实的学生"？如果选择的是后者，那么，我们就要认识到，一个学生，就应该成为一个教育成长中心，也相应地成为教育者的一个责任中心。

首先，需要理清学生成长的路径，找到学生成长路上每一个关键节点上教育的价值；然后，根据每一个节点上学生可以接受的教育影响力的大小和可能性，明确相应教育工作者，特别是教师的责任。

只要梳理成长路径，我们就必然会发现课堂上各科任教师在学生成长中重要且不可替代的作用。他们的举手投足，无不影响一间教室的氛围，在潜移默化中点燃学生思想的火种。如果我们仅仅关注教师在本学科教学中的价值，甚至仅仅计算他们的学科教学成绩，事实上，我们就严重漠视了每一位教师的职业价值，当然也就损伤了教师的职业尊严，教师出现职业倦怠就成为必然。

> 一个学生，就应该成为一个教育成长中心，也相应地成为教育者的一个责任中心。

高度重视每一位教师在学生成长中全面的育人价值，关注他们在全面育人、全程育人和全方位育人中的作用和责任，是唤醒教师职业尊严的关键。

教育教学一线里的"警察"也不可或缺。即使是学生容易犯的错误、必然出现的问题，也需要一些关爱的眼睛注视。捕捉最佳教育时机，"微笑着给予处分"，温和地挽住管理的缰绳，是教育教学一线里"警察"的责任。

学校应该培养咨询师并设置咨询师岗位。不同于美国学校里专门负责升学指导的咨询师，我们学校的咨询师应当是学校教育教学工作的首席，是全员、全程、全方位育人的导师。他们既有丰富的教育教学经验，特别是引领学生成长的经验，又应当接受教育学、心理学、社会学、成功学、脑科学、学习科学等的系统性培训。咨询师如同教育教学一线组织的大脑，他们把火热的教育生活提升到理论框架中研判，把玄奥、高深的道理转化为老师们的生动实践。他们是"老师的老师"。哪里有教育的困惑，哪里就有他们的排难解惑；哪里有亲子纠结，哪里就有他们的苦口婆心。

班主任或导师不再包打天下，他们既不充当警察，也不会在任课教师面前越俎代庖。他们是协调人，不是指挥。他们是有限责任者，于是，从容代替了传统体制下的焦虑。

要真正形成这样一个教育成长中心和成长责任中心，必须重新调整评估的体系。

要让与学生朝夕相处的每一位任课教师都成为教育成长中心的主体，改变过去只看分数的片面的评估方式，让他们切实担负起应有的既教书又育人的教育使命。只有如此，立德树人的根本任务才可能在校园里真正落地。教育的复杂性和周期性等特点，使我们很难在校园里直接衡量教育效益，但我们可以通过间接的方式评判。

譬如，理论和实践都证明了，教育学首先是关系学。一般来说，好的教育一定建立在好的师生关系之上。换句话说，只要有了良好的师生关系，一般也就会产生好的教育效果。这样说来，我们就可以通过诊断师生关系的优劣来大致判断当前的教育效益。当然，师生关系的主导方是教师，但判定方却是学生。在良好的教育氛围下，学生的判定超越了庸俗的关系，而往往与学校的育人目标要求相契合。诊断指标，要特别重视教师作为"引路人"的价值。比如，"老师教我如何做人做事""老师的人格魅力影响了我""老师鼓励我发挥自己的优势、保持独立思考"，等等。每一位教师在以一个学生为单位的成长中心中贡献如何，完全可以通过一些指标的数据加以分析。需要说明的是，这样的诊断结果只用来促进每一位老师反思、改进，不可用来作为高利害的评价，以减轻教师的心理压力，确保诊断工作健康、可持续。

教育学首先是关系学。

对班主任和导师的诊断要根据他们可能履行的职责，不能勉为其难，更不可复制传统教育体制下的班主任一人担全责的做法。这样的做法已经被证明，把教书育人一分为二，教育和教学两张皮严重背离育人规律。

这样说来，围绕每一位学生形成的教育成长中心由所有与学生成长相关联的全部老师组成，这些老师的岗位不同、职责不同，对学生可能产生的影响也不同。如何实事求是、客观评价这些影响，最大限度地引导这种影响实现最大化，就是设计这个成长责任中心时的追求。

成长责任中心的设计，一方面可以减轻班主任过大的责任和压力，同时也避免了管理的过度；当然，也防止班主任一个人在学生成长中过于个人化的影响，让更多教师的人格魅力润物无声地影响学生全面健康成长。

教育教学一线的结构

从现状来看，学校里的教育教学一线组织基本分为学科制、学院制、年级制三种。

学科制以美国、新加坡等国家的部分中小学为代表，一般适合规模较小的学校。一位校长，统辖七八位学科主任；具体的教育教学活动，由各学科主任协调全体教师展开。从结构本身来说，这样的管理方式可以实现对学术的充分尊重，在校园里能够凸显专业的力量，但容易形成学科本位，不利于形成以学生为中心的校园文化。我们在美国中小学里看到的学生中心地位的事实，不是学校本身的结构，而是代表学生利益、主要由家长组成的学区教育委员会对学校和教师造成影响的结果。

学院制则是英国及英联邦国家的学校大多采用的模式。他们把全校各年级的学生分成数量不等的几个部分，以不同的颜色、动物名字或其他好玩的概念命名，组成一个个学院。为了管理方便，他们在纵向上又会把所有年级切分为几段，如1—5年级、6—8年级、9—12年级等。这样纵横切割，就把全校学生分成了二三十个组织，每个组织都有老师作为他们的"院长"。这样的模式有利于发挥学长在学弟学妹成长中的作用，也可以让不同年级的同伴结下很深的友谊，方便运动、社交之类的活动，对校友有较强的凝聚力。

年级制繁荣在我国当代。教育普及后，学校规模不断膨胀，管理幅度越来越大，每个年级的人数几乎等同于欧美国家的一所学校，于是学校内的"学校"——年级应运而生。

客观地说，年级制确实缓解了大规模学校的燃眉之急，给学校带来了管理上的便利。但是，年级制毕竟诞生不久，且大部分国家的学校着力于缩小学校本身的规模，他们对大规模学校及其年级制缺乏研究的兴趣。因而，基于目前我国教育的现状，破解年级制的难题，我们义不容辞。

就目前来说，年级制有两大突出问题急需破解。一是年级的责权利不对等。所有责任全都压给了年级，但却没有给予相应的权力。年级负责人的岗位层级，甚至都在中层部门之下。

在大部分学校里，年级负责人被称为年级组长，在副校长、主任、副主任的指挥下工作。因此，每到学年转换时，校长都要煞费口舌，说服这些年级组长不要撂挑子。

第二个就是年级的内部管理问题。这是目前学校管理最大的黑洞。我们的学校管理似乎仅仅研究到校长和中层部门，再往下，到年级层面就没有人关心了。似乎年级负责人本身就有管理的天赋，早已形成管理的套路。事实上，一个由几百名学生、几十名教师组成的年级，同时又面对几百名家长和学校内部各路"诸侯"，管理真不是一件容易的事情。大部分年级组长都是从优秀班主任直接晋升上来的，用管理一个班的方式来领导一个年级确实力不从心，难免捉襟见肘。

雀巢总裁赫尔穆特·毛赫尔（Helmut Maucher）在他的《管理圣经》中提醒我们，永远不要忘记最底层管理者的重要性，要关心他们，因为他们是我们众多员工的直接上级。

年级制

既然年级也是一个五脏俱全的组织，而且年级管理目前已成为我们大部分学校选择的模式，那我们就必须重视对其结构与机制的研究。这本身也是一门科学。

《指向语文要素：蒋军晶统编版小学语文教学设计》（1-6 年级 + 古诗词）

蒋军晶 著

定价：68.00 元 / 册

中国教育新闻网 2021 年教师暑期阅读书目

全国著名小学语文特级教师蒋军晶倾力之作

为深度学习而设计，为培育语文课程核心素养而教

"更好的班主任"丛书（5 册）

赵福江 主编

定价：58.00 元 / 册

汇聚全国头部班主任集体智慧

高效解决班主任工作各种问题

《心理辅导课》（3 册）

《心理辅导课：设计指南与范例》

《心理辅导课：操作指南与范例》

《心理辅导课：团体活动 180 例》

钟志农 著

著名心理特级教师钟志农力作

班主任与心理教师必备案头书

从结构上说，年级的确五脏俱全。它也应该由五个部分组成，每一个部分能否各就各位、各司其职，决定着年级工作的效益。

无疑，年级的一线就是每一位任课教师。他们在课堂内外、线上线下与学生互动，直接产生教育教学的效益。然而，对每一位学生的成长来说，却不是一位一位教师之间割裂的教育的结果，所有与学生产生互动的教师，他们共同影响着学生成长。这样一来，处于年级一线的，其实应该被视为一个一个的学生成长责任中心。每一个责任中心，都以某一位具体的学生为中心，由给他任课的所有老师和与其可能产生互动的教职工形成一个教育团队，他们承担着学生成长的责任。年级工作的所有努力，包括整合全校所有可能整合的力量，都是为了聚焦年级一线的每一个成长责任中心。

这样，我们就可以梳理出年级这个学校里最重要的组织的结构图（见图2-1）。

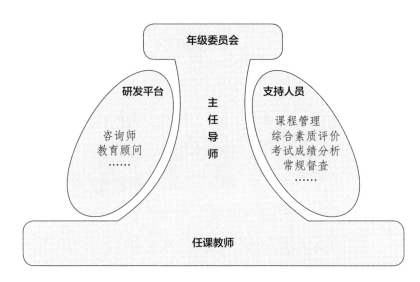

图 2-1　北京市十一学校年级内部结构关系图

结构图右侧的支持人员在年级中负责学生的常规督查、课程管理、综合素质评价、考试成绩分析等。这些支持人员，应该视每一位老师为自己的客户。尽管这些岗位大都由一线教师兼职，他们本身也同样应该成为其中的客户，但是，当履行这样的岗位职责时，他们事实上已经成为年级一线工作的支持者，应该让他们的支持最大限度在年级一线产生最大效益。

而结构图的左侧，是年级的研发平台。年级的咨询师、教育顾问，或某些特定的项目组，可以定期或随时就一些教育教学中的重点、难点或热点问题贡献智慧、策略、方法和资源。搭建研发平台的主要应该是传统学校里担任教研组长，许多学校称为备课组长的老师。在这里，我们必须重点强调的是，这个岗位的名称必须首先改变。这不仅是因为"备课组长"的岗位名称立意太低，有学科本位、忽略学生的导向，即使传统上说的教研组长，也大都囿于学术本身，教学与育人两张皮，从这里就扣错了第一粒扣子。所以，我们建议把导师与原来的教研组长岗位进行合并，将这个极其重要的岗位称为主任导师，把立德树人的根本任务完全融入整个教学过程之中，使全员、全程、全方位育人在课堂里首先落地。当然，选择什么样的人担当此任，肯定也与过去仅看重学科能力的标准有明显不同。

年级中的这几个部分明确之后，年级的高层组成人员也就很明晰了。他们应该由年级主任和各位主任导师组成。年级工作决策发生在这样一个离学生最近又担负着学生成长的全部责任的团队之中，学生中心地位的落实便水到渠成了。

当然，年级中层管理者的数量其实已经被压缩。他们既是年级一线中成长责任中心的负责人，也是年级管理决策机构的成员；他们既在"上"之中，又在"下"里边。

目前，最有可能在年级工作中承上启下的中层岗位，就是可以把教育和教学融合于一身的主任导师。

第三章

中层与中层管理者

挥、调度教育教学一线。这导致一线教师事务繁多，会议不断，用在学生身上的时间不足。

其实，大部分中层部门应该归为职能部门。这些部门或是支持、服务于教育教学一线，或是为一线师生搭建平台。尽管那里拥有大量权力和资源，但大部分中层只能用这些权力和资源为师生服务，而无权指挥和调度一线教师，譬如，一般学校的总务处、办公室等。即使与教育教学密切关联的教务处，也理应划归此类，其理由我们将在本书的第四章中说明。而课程中心、教师发展中心一类的部门，则属于学校的研发部门。研发部门往往通过搭建平台，为组织里的相关人员提供研发产品的帮助，如课程资源的开发，培训课程方案的设计，日常教育教学和管理活动规则的总结、提升。这些部门同样属于职能部门，对教育教学一线同样没有指挥权。

学校的中层与中层管理者的关系如图3-1所示。同为副校长，因为身兼组织结构中不同部分的职能，即分为不同的中层。只有身兼年级主任的副校长才是中层管理者，而身兼教务主任的副校长则为支持人员，接受客户评价；身兼课程研究院院长的副校长则为研发平台的职能中层，他领导的团队通过研发产品为一线服务。他们都没有指挥一线的权力。

只有处于战略高层和教育教学一线之间的中层才属于中层管理者。对上，他们对校长负责；对下，他们调度和指挥教育

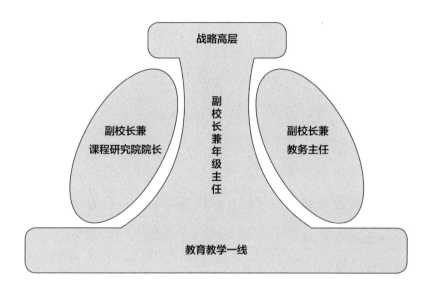

图 3-1　学校中层与中层管理者图示

教学一线。

　　不同的结构，有不同的中层管理者。在学科制结构里，学科主任即为中层管理者；在学院制结构里，学院的院长即为中层管理者；在年级制的结构里，年级主任则是当然的中层管理者。

　　组织行为学比较主张高配中层管理者，而压低中层职能部门的头衔，让中层管理者从职务名称上先声夺人。于是，你会发现许多跨国公司的区域总经理，同时身兼全球副总裁。其实，除了区域的

只有处于战略高层和教育教学一线之间的中层才属于中层管理者。

业务外，全球的业务与他无关，兼一个副总裁只是说明其职位的重要性而已。

在实行学科制的美国纽约布朗克斯科学高中（Bronx High School of Science），其八个学科主任，各自都有一个副校长的头衔。中国的许多学校则给年级主任加一个副校长的职务。这样一来，作为直接面对教育教学一线的中层管理者，年级主任可以直接进入最高决策层——校务委员会，这客观上缩短了战略高层和教育教学一线的距离，一线师生的需求可以方便地进入学校决策。

中层之间的关系是至关重要的。中层之间关系如何，影响着一个组织的生态。能否合理定义每个中层岗位，摆正他们的位置，并梳理妥他们之间的关系，决定着整个组织的战斗力。

在区分中层职能岗位和中层管理岗位的基础上，还应该避免在中层这个群体中按行政级别确定上下级关系。

在传统的学校管理中，一般把干部分为校级干部和中层干部，其中又有正职和副职之分，一级管一级似乎理所当然。然而，在真实的管理工作中，教务主任面对分管行政的副校长的指令时，常常左右为难；分管教学的副校长也常常因为后勤主任不听指挥而愤愤不平。这样，在日久天长、日复一日的矛盾、误会中，管理生态开始恶化。校长对此也只能号召大家顾全大局，并没有在结构与机制方面提供解决方案。

因为工作的重要程度不等，当然可以把中层区分为不同的层级，但在设定他们之间的汇报关系时，却不可囿于级别高低。从副校级干部到中层副职，统统都称为学校里的中层，其薪酬待遇可以职级区分，其汇报关系却应该按照有利于资源流向教育教学一线的逻辑设定。在特定的管理领域里，谁听谁指挥，谁向谁汇报，谁为谁服务，简单而清晰。只要没有汇报关系的，就不应该按级别决定指挥关系，副校级不一定能指挥副主任。这样的服务关系建立起来之后，可以避免行政权力的膨胀和尴尬。

管理跨度

中层部门的数量决定了直接向校长汇报的人数，也就是管理学上通常说的管理跨度的大小。

管理的复杂性和人的精力的有限性，都要求管理跨度不可太大，大部分管理学著作都主张管理者有6到8位直接下属是比较合理的设计。管理跨度过小，带来的直接问题就是增加了管理层级，且不可避免地增加大量的管理人员（见图3-2）。

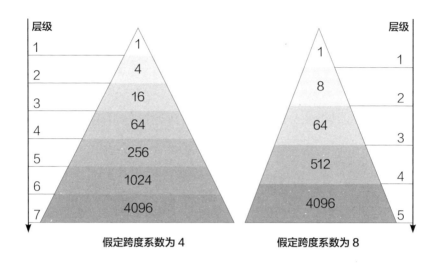

跨度系数为 4 时		跨度系数为 8 时	
一线员工数	4096	一线员工数	4096
所需管理人员数	1365	所需管理人员数	585

图 3-2　管理跨度对比

　　管理跨度过小，还容易产生另一个副产品——越级指挥和越级请示。这是一个组织混乱的源头，也是管理的大忌。在一个健康的组织里，可以越级检查，但不可越级指挥；可以越级汇报，但不可越级请示。如果破坏了正常的汇报关系，人们就会无所适从；面对多头、多层的指挥，人们也会不知如何是好。时间长了，大家就学会了钻空子，找漏洞，避重就轻，组织往往因此陷入混乱。

管理跨度的设计不应受下属职务层次的限定。一些学校只有两位副校长，于是就把学校所有工作一分为二，交给他们负责。这样客观

> 可以越级检查，但不可越级指挥；可以越级汇报，但不可越级请示。

造成的结果就是，校长只有两位直接下属，他的管理跨度严重违背管理学常识。这时，所有事情都要经过两位副校长转手，不仅效率低下，信息也必然大量衰减甚至失真。时间一长，越级指挥就势所难免，而越级指挥又一定会带来另一个"孪生兄弟"，就是越级请示。校园里只要有这两样东西，不仅会丧失层级管理结构的优势，而且也必然让管理陷入混乱，大量误解就会产生。正确的做法是，找到一些重点工作，尤其是需要协调资源的工作，不管负责这些工作的主管级别高低，也无须改变这些主管的职务级别，把他们和其他副校长一样划为校长的直接下属，校长可以直接调度他们的工作。我在山东省高密一中做校长的时候，就把语文教研组长作为我的直接下属，因为当时学校的语文教学改革刚刚起步，且改革力度很大，难度也很大；学校教科所所长也列为我的直接下属，因为学校刚刚提出科研兴校的战略；正在建设中的教育大厦，是学校自筹资金建设的一个工程项目，其建设主管也被列入我的直接下属，因为筹集资金的重担别人难以承担。这样，加上原有的3位副校长，我的管理跨度扩大为6位直接汇报者。这样的设计思路，也同样

适合各个中层部门内部管理跨度的设定。

管理跨度的大小，还往往与一个组织决策机构的规模有关。一般来说，你的直接下属往往组成一个委员会，他们共同对组织的决策负责。比如，校长的直接下属，往往就是校务委员会的成员。这样，管理跨度常常还决定了这个委员会的人数。

有一个著名的管理学实验——估算装在瓶子里的大豆。在不打开瓶盖的情况下，让实验者隔着玻璃瓶数豆子，1个人数、2个人数、4个人数、8个人数、12个人数……最后把不同人数估算的结果予以汇总。结果发现，6至8个人数的结果最接近瓶中实有的数量。

这个实验告诉我们，6至8个人组成的团队在决策时相对靠谱。还有研究发现，有6至8位成员的小组最容易达成一致意见；超过10个成员的小组往往会分裂成派系，也就是更小的组。

案例 3-1　某校教务处管理结构变革前后的对比

原有管理结构图：

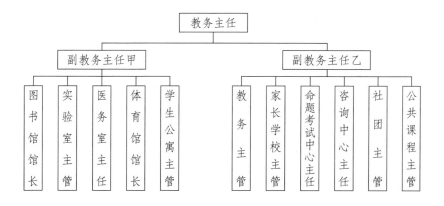

变革后管理结构图：

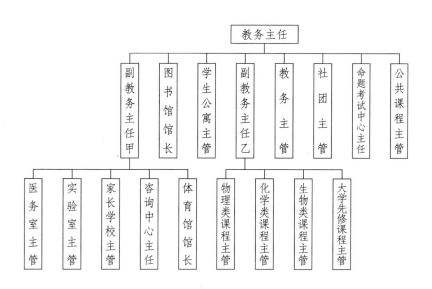

中层的组合方式与组织战略

组织发展到一定规模后，中层部门、中层主管的数量自然会超出管理跨度的合理幅度，于是，对中层部门如何排列组合，就取决于一个组织的战略选择。正如英特尔前任董事长安迪·格鲁夫（Andy S. Grove）所言，重视什么，关心什么，仅靠观念和态度是不靠谱的，最好在管理跨度上先有一个合理的设计。

以制造业两种不同类型的工厂为例。一般来说，厂长之下有两个下属，一是制造经理，一是总工程师。但这样的管理跨度明显过小。如何拓宽自己的管理跨度呢？把哪些人员或部门作为自己的直接下属呢？这里就需要明确工厂的战略重点。如果这家工厂生产类似钉子、鞋带、锤子一类的产品，创新设计的挑战相对较小，重要的是产品本身的质量，车间里日复一日的生产流程至关重要，那么这家工厂的管理结构就可以这样安排（见图3-3）：

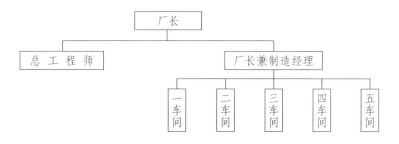

图 3-3 一家工厂的管理跨度

如果另一家工厂生产类似手机、电视、计算机一类的产品，生产制造完全可以外包，而产品的更新换代、与同行的竞争，是企业发展的关键。这家工厂的管理结构则应当是另外一种设计（见图3-4）：

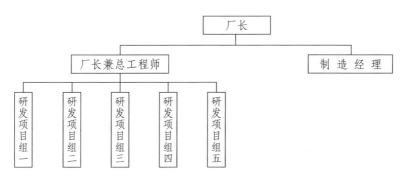

图 3-4 另一家工厂的管理跨度

这样的管理跨度，就从结构设计的角度，保证了战略高层的精力、时间方便用于组织的战略重点。

让我们来比较两所学校中层的管理跨度。一所是完全按照职位级别自然形成的（见图3-5）：

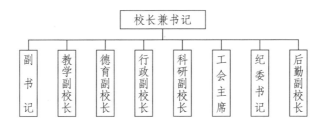

图 3-5 完全按照职位级别自然形成的学校中层管理跨度

这样的管理跨度必然分散校长的精力。每一位下属都认为自己分管的工作很重要，事实上每项工作也确实都不可或缺，于是，他们纷纷以各种理由去分割校长的时间。这样，校长的精力就容易分散。结构不改变，仅仅靠校长内心的倾向，只能造成与事实的冲突，导致校长焦虑。因为他在这样的管理跨度下，很难把大部分精力用在学校的教育教学工作上。

另一所学校则是经过设计的组织结构，其中层的管理跨度如下（见图3-6）：

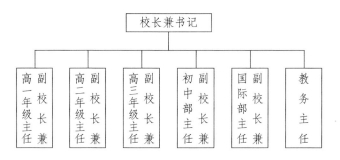

图 3-6　一所经过设计的学校中层的管理跨度

这样的管理跨度所形成的直接下属，大都是教育教学一线的主管，也就是年级主任。他们十分了解一线师生实际，对师生的诉求特别清楚，看问题也往往带有一线的视角。而高中三个年级分别由三位副校长兼任年级主任，直接作为校长的汇报下属，这是这所学校的高中龙头带动战略在组织结构中的体现。

从价值观到方法论

在本章提出这样一个命题，是由于中层的定位。

战略高层理所当然地把握着一个组织的方向。当然，在价值观方面的引导也非战略高层莫属。不断地发号施令，似乎也可以理解为他们必要的职责。

中层呢？

中层显然不可以像战略高层的领导那样指手画脚，那很容易被人认为是官僚主义，但也不可以走向另一个极端，对基层的工作越俎代庖。他们如何帮助一线让组织的战略落地生根？他们如何催生组织的价值观在一线开花结果？中层既承上启下，不可或缺；又"半上半下"，位置尴尬。

其实，中层最应该做的是，在组织高层和一线之间搭建阶梯，在价值观转化为一线方法论的过程中发力，为一线提供原则、要素和模型，以避免在实施的层面把好经念歪。

首先说原则。

我们经常说一个人没有原则，其实就是指他在具体问题的处理上不够稳定，同样的事情在处理的时候常常充满变数。解决这个问题的方法，就是梳理并确定处理这类经常面对的事情的原则。

譬如，在推介学校品牌，通过向社会传播，让公众了解我们的价值追求、使命和愿景时，如果没有稳定的原则可供遵循，校内外众多传播者之间就可能各行其是，众说不一。这不仅难以让人们认识一个真正的组织品牌，还会让人产生诸多迷茫和狐疑。

处在中层、主管这个领域的管理者，就有责任集中各路智慧，为学校品牌推介梳理出应有的原则。如果这是一所真正以学生成长为中心的学校，就应该有以下原则：

能说学生，不说学校。

能说教师，不说校长。

既说业绩，更说策略、方法。

能局外人说，不自己人说。

能一次性说清，不重复说。

能聚焦特定人、在相应媒介说，不大面积狂轰滥炸。

能说成长故事，不说分数、名次。

能让已毕业学生及家长说，不让在读学生及家长说。

学校里一项很重大的任务是课程开发，参与的人员最多，课程门类复杂多样。如果我们只有愿景、使命、培养目标这类价值观层面的指引，那么到每一位教师那里时他们仍然会无从下手，这时候就需要课程开发的原则。比如，北京市十一学校课程开发的总原则是"顶天立地"。"顶天"是指遵循国家课程方案和各学科课程标准，依据学校育人目标；"立地"则是指基于学生成长需求，从学校基础条件出发。具体说来，"顶天"的大原则之下，还有具体的原则。比如，核心价值观必须保持一致，**必备品格与关键能力应该周延**，一般能力设定应具有开放性，对某些能力可以进行强化，不可限制不同个性的学生，等等。"立地"的大原则之下也有具体原则。比如，课程领域既关注学生当下兴趣更注意唤醒不同学生的潜能，满足学生需求与激发教师潜能相统一，利用现有资源开发达成育人目标的课程，等等。

除了原则，还可以通过确定一些要素，以实现工作过程的稳定。

譬如，每年的开学典礼，对学生来说必须不断"出新"才能产生教育的吸引力；对学校来说，每年的策划团队都会发生变化，甚至会安排几个团队进行竞争性策划，以确保活动的质量。这样一来，如何避免因过度追求花样翻新而丢掉初心？为此，我们确定了开学典礼的六大要素，即仪式感、参与感、教育主题突出、激动人心、出人意料和30分钟。同样，狂欢节也有七大要素，即学生决定教师、校长扮演的角色，一半以上师生角色面目全非以增加神秘感，教育主题聚焦，集体开场，项目多样，游戏化和作品变现。

有了这样一些要素，在进行活动策划设计时，我们就有了定力，也不会跑偏，所谓万变不离其宗。

有些工作还可以通过一些模型来提高团队工作落实水平，甚至形成共同话语体系。

譬如，从高层管理者到一线师生，最令人头疼的是工作落实。起源于英特尔公司的OKR（Objectives and Key Results，目标与关键结果）工作法，就是一个很好的可以帮助我们将落实进行到底的模型。

OKR工作法的主要目的是把"目标"和目标达成的可衡量的"关键结果"相关联。下面，我们以"人工智能领域的课程保持国内领先、国际一流水平"为目标，通过OKR工作法，看看关键结果和未来计划的关系，以此形成工作落实的框架（见图3-7）。

本周关注的任务	OKR 当前的状态
P1：弄清国内和国际一流学校的最高水平 P1：教育类公司正在做的 P1：学生需求 P2：人工智能著名公司的产品 P2：国内外政府有关规划	目标：人工智能领域的课程保持国内领先、国际一流水平 关键结果 1：拥有 3 个以上高端课程模块 关键结果 2：课程覆盖 15% 的学生 关键结果 3：出现学生优秀产品和卓越教师
未来四周的计划	状态指标
邀请 3 位专家来访 派出 3 个考察团队考察先进地区 确定课程场地 一个课程模块的设备下单	有关各方齐头并进 学生深度参与其中 国内有关专家陆续登门考察、调研

图 3-7 OKR 工作法示例

案例 3-2 点圆工作法

"点圆工作法"中的"圆"，是指管理者的常态工作规划，只是这个规划用一个周延可循环的"圆"来表述，而且，由于工作岗位不同，指向的客户和工作的目标各不相同，因而，他们的每个"圆"有不同的循环逻辑；而其中的"点"，则是指工作中的"难点"或"痛点"，特别是指那些长期解决不好的难题。优秀的管理者正是通过破解难题，且将破解痛点后形成的规则、流程、方案等，纳入常态工作，以不断完善常规工作的"圆"。

下面以年级主任、学生活动主管和总务主任为例，对点圆工作法做简要介绍。

图3-8为初一年级主任的点圆工作模型。一般情况下，管理者都会制订自己的工作规划，并明确一学期或一学年的工作节点。比如，像图3-8以一个学年为单位标记出重要的工作节点和需要重点关注的事件。需要说明的是，即便罗列出了工作节点和重点事件，也要明确工作的主轴目标，即"随时以学生成长周期为单位的工作循环线"。这是什么意思？就是说，这个圆上每一个节点的确立是指向学生成长的，且会因成长周期的不同特点因需而变。这样的主轴目标的确立能够帮助年级主任不是深陷于"一件件事儿"中，而是眼中始终有"学生成长"，知道自己所做的每件事与学生成长的关系。

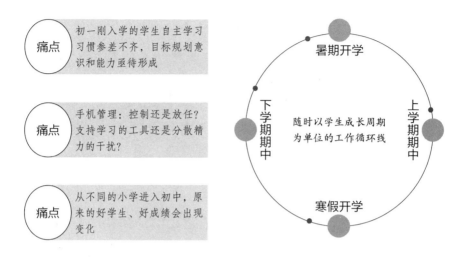

图3-8　初一年级主任的点圆工作模型

　　我们先看图的左边部分。为了防止每年的工作进入"机械状态"——每年周而复始地总是在做同样的事，缺乏不断改进，因此就需要罗列出最关键的"痛点"。初一年级主任最容易遇到的痛点就是刚入学的新生在目标规划、手机管理和适应能力等方面的问题。梳理出这些痛点，能方便年级主任进行管理。年级主任需要把这些痛点放入右边圈中的合适位置上。比如，就可以把对目标规划这个痛点的管理前移至"暑期开学"前。年级通过设计一些入学教育活动、让不同学科教学班班主任尽快熟悉学生等方式，为开学后系统展开目标规划能力培养做好铺垫。再比如，针对手机管理问题，可以在开学前的入学教育、上学期期中之前的规则意识教育中引导学生学会使用手机，让手机成为支持学习的工具。

在学校里，教导处学生活动主管往往事情很多，稍不留神，就会陷入组织活动的事务性工作之中，而忽略了最重要的对"教育意义"的思考。为此，可以通过点圆工作模型，首先确立"教育周期"这一主轴目标，弄清每一项活动可能产生教育效果的最佳时机和时间长度，来体现教育价值始终贯穿活动过程的价值立意；然后，围绕这一主轴将整个学年固定时间段的学生活动一一罗列出来（见图3-9）；同时，思考全校学生活动的痛点是什么。显然，如何才能做到全校每一位学生都能有参与感，都能被活动所吸引，并能感受到存在价值，这是痛点之一。另外，如何让年级的活动和学校的活动既主题聚焦，又形成协同，以免年级做一遍、学校再做一遍的交叉重复，这是难点之二。当我们列出这些痛点后，就能方便地进行管理。比如，把时间节点在9月1日的开学典礼，前移至初一、高一新生一确定后就启动。这样就拉长了策划和筹备过程，可以让年级、学生都投入过程之中。而6月中旬的学生产品交易会，则从寒假开始启动，以便让学生利用假日进行调研，组建团队，确定产品创意方向；而结束时间可延后至期末，以便在学年表彰会上再一次弘扬创新精神。

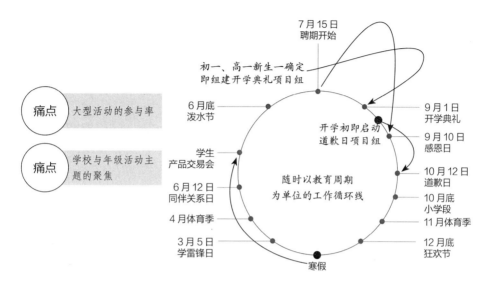

图 3-9 教导处学生活动主管点圆工作模型

总务主任同样也可以使用点圆工作法来确定关注重点（见图
3-10）。

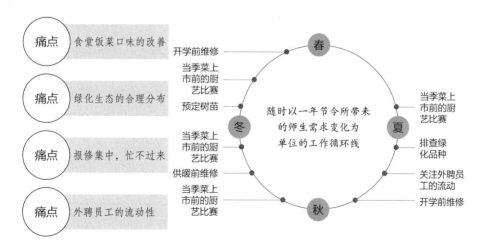

图 3-10 总务主任的点圆工作模型

一般而言，总务主任可以一年节令变化所带来的师生需求变化为单位形成工作循环线，然后明确关键痛点。比如，食堂饭菜众口难调问题总是存在，是否可以在每次当季菜上市前举行厨艺比赛或美食节呢？这样的活动可以调动厨师的积极性，激发其研发菜品的动力，同时也在学校里孕育一种"食育"氛围，让师生感受到食堂对口味改善的重视。再如，为了让校园绿化生态更加合理，促进植物健康生长，工作重点并不是到了需要修剪枝叶的时候修剪一下，甚至把花草树木都修剪得一样齐，重点应该是考虑夏季如何排查绿化品种，冬季怎样预定树苗，以使得校园一年四季的绿植都有良好生态。维修工作则要避免哪里坏了，就赶着去救急的做法，而是早做规划。开学前必定是对全校设备进行整体检修的最佳时机，备用件要有充足的准备。再如，供暖开始的前一个月就应该对供暖设备进行调试和检修等。

（沈祖芸供稿）

协商，寻求共同利益

在米歇尔·海克曼（Machael Hackman）等著的《领导学：沟通的视角》一书中，有一个广为流传的案例。在一家图书馆里，有两位读者因为窗户开还是关而吵架。一个想让窗户开着，另一个想让窗户关上，他们为应该让窗户开到多大程度而争论不休。无论是开一条缝，开一半，还是开四分之三，两人都不满意。这时，管理员进来了，她问了一个人为什么想让窗户开着——"有点新鲜空气"；她问另外一个人为什么想让窗户关着——"防止有风"。想了一会儿，管理员将隔壁的一扇窗户打开了，这样既带来了新鲜的空气又没有风。

一个组织内的中层，与没有上下级隶属关系的同级或不同级别的人有诸多联系。在与这些职位的联系中，他大都是有求于对方。从表面看来，对方根本没有与他合作的必要性。这时候，他需要具备的技能就是协商。

协商之所以如此重要且成为中层的常用技能，就是因为它可以帮助中层与对方形成合作，其中的关键就是与对方寻求共同利益。

我们来看看教务主任需要协调的关系图谱（见图3-11）。

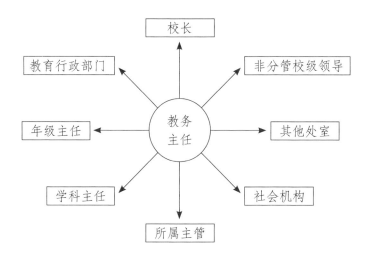

图 3-11　教务主任工作协调关系图谱

当教务主任需要开展一项工作的时候，最方便、最简单的是只与自己所属的主管有关，不需要涉及图谱中的其他人员。然而，在现实中这几乎是不可能的，大量工作需要图谱中众多的人参与。

譬如，全市的化学课堂教学展示活动将在学校举办，主办方要求校长致辞，要求学校橱窗营造与化学有关的教学氛围，要求看到跨学科的教学改革特点，等等。对学校，尤其对涉及的人员或部门来说，这些要求不一定很合理，但对教务主任来说，他又希望满足主办方的要求，以进一步拉近关系。于是，他要去与校长协商，希望校长能利用十分钟的开幕致辞机会，更多地鼓励一下化学学科的老师，因为他们的改革确实代表了未来的教学改革方向，有可能对其他学科起到很好的引领作用。虽然眼下的势头很好，但也遭遇瓶颈，如此一个适合进行鼓励的场合，对校长来说也是机会难得。

营造氛围则需要与学校办公室协商。教务主任注意到，在校园最显要的位置有几个橱窗，内容是优秀校友及其老师的故事。于是，他事先让一个化学社团的学生搜集了一部分在大学学化学专业的校友与化学老师的故事，并且让这些校友写下了中学化学课和化学老师对他们的影响。这样一次活动对社团的学生影响很大。这些资源，可以帮助学校办公室办一期全新的校友及其老师的展示橱窗，既充满新意，又能满足活动的要求。至于课堂教学如何体现跨学科特征，许多学科一直在探索。如何借助本次活动更上一层楼，教务主任找到了在这方面特别热心的生物学科主任和语文学科主任。如果他们借本次活动的舞台，推动各自学科教学与化学教学的融合，这样既可满足化学课堂教学活动的需求，又可推动各自学科的教改进展。

至此，教务主任通过协商，为所有协商方都找到了各自的利益，顺利完成了自己的活动任务。

第四章

支持人员

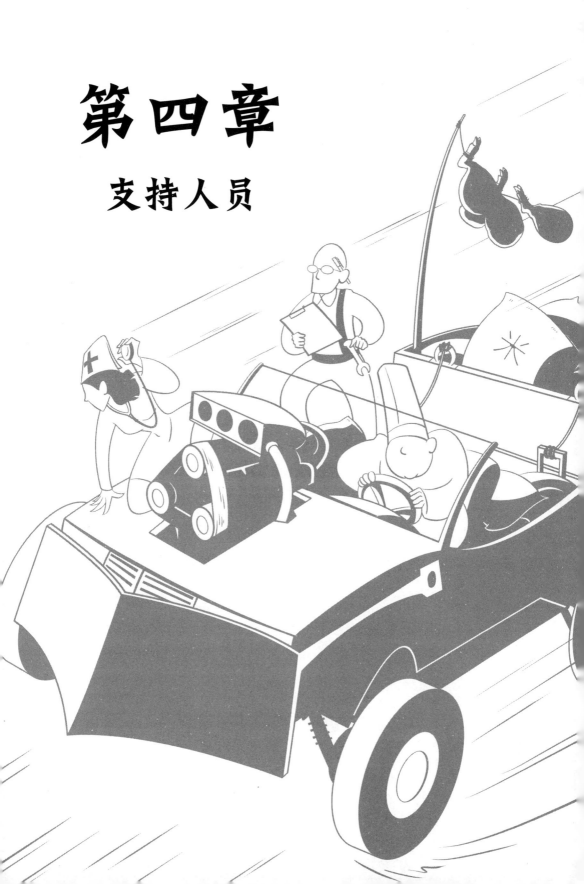

支持人员之所以能够被称为支持人员，是因为他们手上握有资源，但让他们名副其实，成为组织里真正的支持人员，却并非易事。

一个组织的衰败常常从支持人员的内部混乱开始。这时，他们往往争抢地盘、互相推诿，眼睛总盯着各自的利益，却全然忘掉了自己的职责。身处一线的人们，大多是从他们那里感受到冷漠和无助，进而对整个组织失去信心。

> 一个组织的衰败常常从支持人员的内部混乱开始。

在第三章里，我们把中层与中层管理者做了区分，包括支持人员在内的一大批中层不再作为中层管理者。目前，大部分学校的教务处是直接指挥教育教学一线的中层管理者。他们是校长管理教育教学工作的助手，其地位十分重要，配备的力量往往很强，将其划归支持人员让人有点依依不舍。然而，即使如此，我们仍然建议将其职能从中层管理者中挪出，因为这人为地增加了一个管理层级。如果其主管人员——教务主任、副主任，更适合领导教育教学工作，那完全可以通过调整岗位的方式解决，如由他们直接担任年级主任。

其实，被划定为中层职能部门的支持人员作为某一项职能的履行者，要让他们从服务别人，特别是服务一线中寻找到自己的价值。

不过，这需要一个很好的动力系统。

内部客户关系

帮助支持人员，请注意，是每一位支持人员而非支持部门，寻找具体、明确的客户，是给他们安装发动机的前提。

回到组织建立之初，在我们决定设立某一个岗位的时候，都有一些理由。循着这些理由找下去，我们就会发现支持人员的服务对象。在这本书里，我们姑且借用商界的一个概念——客户。

寻找客户的过程，就是明确支持人员岗位职责的过程。在大部分组织里，岗位职责是人们坐在办公室里写出来的，拿到一线现场并不实用；有的组织的岗位职责，则是从别人那里抄袭而来的，用在本单位时水土不服；有的组织的岗位职责根本就是让支持人员自己写的，这样的岗位职责往往带有很大的片面性，有些则带有表决

> 寻找客户的过程，就是明确支持人员岗位职责的过程。

心的性质。即使这样的岗位职责，也大多仅仅挂在墙上，或者装订成册，事过境迁便无人问津。于是，作为战略高层的领导人，最喜欢邀请专家做的讲座就是有关"中层执行力"的。

如果明确了支持人员的具体客户，他们就可以倾听客户的声音，小心翼翼地分析客户的处境，发现甚至挖掘客户潜在的需求。我们会发现，岗位职责真不是写在纸上的那些干巴巴的字眼，客户的真切需求里带有生命的气息，挑战着支持人员创造性的服务智慧（见图4-1）。

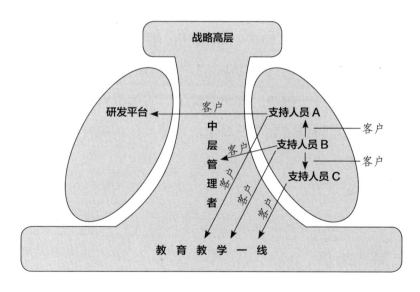

图 4-1　支持人员客户关系图例

每一位支持人员有了明确、具体的客户，他们就没有了互相推诿的理由。他们不再争执自己的岗位边界，因为客户的需求就是自己的服务范围，客户满意就是自己追求的目标。这样，他们就会尽其所能、设身处地，把自己的身价与客户的目标融为一体。当每一位支持人员都围绕客户需求不断扩大自己服务外延的时候，他们就常常让责任溢出边界，相互之间增加了一份互帮互助的感动。

内部客户应尽量从一线师生中寻找，以引导资源向组织里产生最终效益的地方流动。当然，中层管理者和研发平台中的许多人员，也是支持人员的服务对象；有的支持人员就是为另外一些支持人员服务的。在服务工作的流程中，下一道工序的人员，往往是上一道工序人员的客户，他们通过协同最终服务于一线师生。例如，直接为年级师生服务的教务员，就是维修工、网络工程师、门卫的客户，师生的有关维修、网络、进出校门的需求可以通过教务员与他们连接，他们通过满足教务员的需求实现为师生服务的目标。

客户类别

有些支持人员服务工作比较单一，他们基本专注于同一类客户。比如，食堂的工作人员，学生对饭菜的满意度就是他们的主要追求。

有些支持人员的服务对象类型较多，而且都是直接客户。比如，教务主任，既要服务于年级主任，又要服务于学科主任和课程首席教师。因为他手上掌握着最多的教学资源，所以承担的服务任务也相应更为繁重。

有些支持人员的服务对象群体很大，可以区分层次，分为一级客户、二级客户，或者主要客户、一般客户。比如，负责学籍管理的教务员，其主要服务对象是起始年级的新生和家长，以及其他转入、转出、休学、复学的学生和家长。但其实全校的学生和家长都是其服务对象，只是有些服务对象可能从未提出任何需求，但对他们潜在的需求却必须时刻做好准备。

有些支持人员的服务对象尽管类型繁杂，但必须重点明确，分清主次。比如，学校的门卫，尽管他们要为来访的各路人等服务，但是其首要任务却是确保学生安全。如果有些来访者的需求和学生安全的目标相冲突，那就只能暂时"丢卒保车"。

在组织结构不变的情况下，组织里的客户关系相对稳定，但有时也会出现一些变化，需要动态调整。比如，某个教研组或者某位教师正在推行一项全新的教学改革实验，某个学生俱乐部承担了一项面对社会的大型公益性活动，这样，在一段时间内，他们就应当成为掌握相关资源的支持人员如教务主任、总务主任的客户。

支持人员内部，也存在客户关系。比如，教务主任往往是总务主任的客户；作为一个独立预算单位的主管，图书馆馆长又是财务总监的客户，等等。一般来说，谁离服务学生最近，谁就容易成为握有资源者的客户。

案例 4-1　北京市十一学校支持人员客户举例

岗位： 监控室值班员

一级客户： 年级教育顾问、年级主任

（一）年级教育顾问

服务内容：

——随时进行公共空间巡查性监控，发现学生违纪和安全隐患，及时提供给相应年级教育顾问。

——每周为各年级教育顾问提供校内公共空间学生易发生问题的相关案例。

（二）年级主任

服务内容：

——每月为各年级主任提供校内公共空间学生易发生问题的相关案例。

——对在巡查中监控到的重大违纪问题，报告年级教育顾

问的同时，报告相应的年级主任。

——帮助年级主任对重大违纪问题进行监控录像查询，搜集相关线索。

二级客户：年级教务员、教导处教务员

（一）年级教务员

服务内容：

——协助师生查询丢失的贵重物品，提供图像视频资料。

（二）教导处教务员

服务内容：

——在监控巡查中，发现未明确年级学生违纪时，及时联系教导处教务员处理。

岗位：医务室主管

一级客户：年级主任、教务员、年级学生游学主管

（一）年级主任

服务内容：

——提供及时的年级传染病预警和防控，在发生紧急疫情时及时给予年级专业指导。

（二）教务员

服务内容：

——协同做好学生意外伤害保险保费的缴纳工作。

——及时和教务员协调疫苗接种和体质健康测试、体检时间，减少对日常教育教学的影响。

（三）年级学生游学主管

服务内容：

——协助年级外出活动负责老师做好外出医疗保障。

二级客户：年级学生会生活部部长，生活管理学院院长、食堂负责人

（一）年级学生会生活部部长

服务内容：

——实现良好沟通，给年级学生会组织的相关活动提供医务建议和保障。

（二）学生生活学院院长、食堂负责人

服务内容：

——确保食堂、学生生活学院等场所卫生消毒工作按时、按要求进行，保证学校卫生条件达到安全防疫标准。

（田俊供稿）

防火墙

许多支持人员不仅对内为他们的客户服务，往往还与校外连接，接收外界多方面的指令。这些指令有些能为教育教学一线提供帮助，也有许多系干扰因素，经常给一线师生带来不必要的麻烦。因而，支持人员岗位本身就有防火墙的功能。

外部世界的许多指令有时由某一件特殊事件而引发，经常带有"一人感冒，全家吃药"的特征。因而，我们对这些指令和要求，既要高度重视，又要具体分析，不可机械照搬，一刀切地贯彻到一线师生那里。支持人员，也没有权力这样做。

协商是支持人员开展工作的重要方式。支持人员既要完成上级的相关指令，又不能给一线师生带来干扰，大部分时候他们需要将指令与师生的需求对接。这时，协商就是重要的武器。所谓协商，简单说，就是寻求共同利益。支持人员要分析

> 所谓协商，简单说，就是寻求共同利益。

各方表面的诉求，发现其背后根本的利益。如果你接到了上级的一个通知，通知要求所有学校都要开设京剧课，学校虽然没有懂京剧的教师，但有人会唱豫剧，而且已经带起了一个很好的戏剧社团，这种情况与上级通知的精神应该是一致的。上级希望学生能够全面发展，注重传承中华优秀传统文化，只是长期以来下发一些原则性的要求效果并不好，于是上级的要求变得越来越具体。过于具体的要求就难免脱离一些地区的实际，这就需要基层能够正确理解上级领导的苦心，根据当地实际，创造性地落实上级要求。这样，既实事求是，又符合上级要求的根本利益，当然是好事。在这个过程中，支持部门的主管人员应当发挥关键性作用。

当然，有了客户关系的定位后，一般来说，也应从机制上要求支持人员充分尊重一线师生的需求。充当防火墙的功能，也是支持人员职能的应有之义。

支持人员以外的客户关系

找到自己服务的客户并不仅仅限于支持人员，组织中的其他各部分人员也应该如此。

比如，中层管理者，他们的客户就是需要他们强有力支撑的教育教学一线中关键岗位的教师。一位年级主任，他当然要为年级里的教研组长、班主任提供最大限度的帮助，这些岗位的教师应该成为他的一级客户。

支持部门之外的其他中层职能部门也要寻找客户。比如，研发平台中负责课程研发工作的主管，他要为研发平台上工作的校内外研发人员提供帮助，这些研发人员即为他的客户。教师专业发展的主管，则更多地服务于新入职的教师、青年教师和某一方面专业发展有特殊需求的教师，这些教师就成为他的核心客户。

战略高层中的领导人，如校长，就要重点服务对他汇报的直接下属，如年级主任、部门主管、学科主任，还应该包括各个二级管理的主管，如图书馆馆长、命题考试中心主任、诊断评价中心主任、食堂主管、维修主管等。另外，由于校长在学校管理中的特殊地位，战略高层中的其他人员，如党组织的负责人、学术委员会负责人、家长委员会代表、工会代表也应该成为校长的客户，因为校长更有可能为他们提供方便其工作的资源。

即使在教育教学一线的内部，人们也有寻找客户的必要。比如，年级里负责学生常规管理的教师、教育顾问、咨询师，都要把任课教师作为自己的客户，最大限度为教师的教育教学提供信息、咨询、辅导，最终真实地影响学生，因为只有科任教师才是离学生最近的，他们的努力最能转化为教育效益。

第五章

研发平台

在一个健全的组织里，不可能仅仅靠战略高层思考，必须通过搭建研发平台让组织中的每个人迸发智慧。

研发平台决定着一个组织的创新能力和变革节奏。在日新月异的新时代，即使你想维持现状，也需要拼命奔跑；如果你希望与这个时

> 研发平台决定着一个组织的创新能力和变革节奏。

代同频共振，就必须以研发平台形成创新的机制，聚焦智慧。

此外，促进组织各部分工作实现规范化，保持组织运行稳定，也同样需要研发平台。如果有些问题和决策是反复出现的，就可以制定出规则或程序甚至流程，使员工知道该如何应对，而不需要他们每次都请示其主管人员，以提高工作效率。

研发内容

从用户的角度看，研发内容大致可以有以下几种。

首先，教育教学一线需要开发服务于学生的产品，也就

- 出发前确保学生已明白自己该有什么样的行为标准。

- 携带紧急事故工具箱。

- 让学生明白他们应该携带什么。

- 待在能看到学生和学生能看到你的地方。

- 有效利用旅行时间。

- 做好远足的后续活动。

另外，如何教育与异性交往过密的学生，如何管理父母双方都焦虑的孩子，如何教育和管理屡教不改的学生等，都需要类似的一些工作规范。这些规范既是工作要求，也是提高教师专业水平的培训课程。

其次，支持人员往往需要工作标准、工作规范、工作流程方面的指导。

比如，实验室的实验员，在新的教学组织方式下，他们的工作范围、工作边界需要明确。在系列实验过程中，实验员既不可缺位，又不能越俎代庖，他们与教师、学生不同的分工，不是一个实验员自己能够明了的。

再如，图书馆的藏书，尤其是针对某一个课程模块配置的图书资源及使用方式，也不是图书馆管理人员能研发的。不同学科、不同年级甚至不同个性学生的需求，通过什么样的方式予以满足，需要研发中心组织各方人士共同研讨。

再次，战略高层既需要研发中心对组织战略规划能力研发的支撑，又需要研发中心对战略高层如何管控组织其他各部分的机制进行持续的研究。

对组织的战略进行思考尽管是战略高层的本分，但真正形成被组织成员认可的战略却需要组织内更多的人参与，而参与的平台则可以在研发平台上首先搭建。在这个平台上，既有战略高层中的领导者，也有教育教学一线的教师；既有中层职能部门、管理部门的主管，也有支持人员的代表。他们站在不同的角度思考，以不一样的眼光审视，把对外部社会和未来世界不同的感知带进组织，共同为组织的发展方向把脉，形成战略规划方案，提交战略高层的教职工代表大会审议，并最终在校园里落地。

战略高层要实现对组织内各部分的管控，尤其是对教育教学一线的管控，就必须研发教育教学一线输出业绩的标准。

教育教学一线的产出结果往往很难衡量。十年树木，百年树人。但作为一个组织，又不可能等到百年后再去考核其教育的业绩状况，于是一些学校简单处理，把考试分数作为衡量教师工作的唯一指标。这不仅严重扭曲了学校的教育价值观，而且也大大抹杀了教师工作崇高的职业价值。

既然我们无法直接考核当下的教育价值，可否换一个角度——考核可以衡量的间接指标？

我们发现，在所有影响教育效果的变量中，师生关系是最关键的要素，而且师生关系往往和教师素养、学术水平、教学效果、师德师风联系密切。经验告诉我们，只要是长期保有良好师生关系的教师，他们的教育效益，无论是短期效果还是长期效益，往往值得信赖。因而，对师生关系进行考察，就是变换角度衡量教育效果。

接下来的问题是：什么样的师生关系才是健康、良好的？其衡量指标又是哪些？随着学校的战略调整或处于教育教学改革的不同阶段，衡量指标又该做出何种改变？这就是战略高层需要在研发平台中调集各方人员，汇聚各路智慧加以研发的。

下面是北京市十一学校的师生关系调查指标：

• 老师关注我良好品德和习惯的培养，在做人做事上给我好的引导和示范。

• 老师对我比较了解，能觉察到我的状态，适时关心和帮助我。

• 老师能够支持和促进我自主学习。

• 老师注重帮助我确立目标，指导我做好规划。

• 我在老师心目中有较高的位置。

• 老师能够给予我有针对性的帮助。

• 老师善于激发我的学习兴趣。

• 老师风趣、幽默，让我愉快而有收获。

- 老师能够有效地激发我主动思考并解决学习中的问题。
- 老师能够提供适合我的学习资源和方法。
- 老师能让我清晰地知道每节课和每个单元的学习目标。
- 这位老师是我本学期最喜欢的老师之一。

最后，为了促进学生全面发展，我们还要研发学生学分管理办法，引导学生在德智体美劳诸方面全面发展。这个学分体系，以及相应的学生评优评奖机制，和对师生关系的考量互为补充，保障教育教学一线沿着正确的轨道前行。

案例 5-1　北京市十一学校研发的产品举例

I类　工作规范

开学典礼活动方案

狂欢节活动方案

泼水节活动方案

学生产品交易会活动方案

成人礼方案

毕业典礼方案

学生社团管理办法

学生体育俱乐部章程

校内志愿者岗位管理流程

校服订购流程

学长训练营活动方案

小学段管理办法

假期自主规划管理方案

学生行为准则

学校公共区域巡视办法

学生处分办法

校园欺凌事件预防与处理办法

教师网络阅卷培训手册

选课排课工作手册

教师办公用品订购流程

学习资源印刷管理办法

学生网络与电子设备使用规范

安全应急预案

Ⅱ类 员工技能标准

初职教师课堂标准

教育教学分享内容要素

教育教学调查指标

家校问答手册

选课走班100问

教师互助20条

III类 课程教学

初中课程手册

高中课程手册

各科学习资源

各科教育教学工具、脚手架

各科评估量规

各科学习蓝图

各科检测考试题目

各科作业

IV类 评价办法

学科奖学金评选标准

年度荣誉学生评选方案

卓越学生、优秀学生、专项优异学生评选办法

学生学分管理办法

毕业班业绩评价办法

教师学术积分办法

　　教职工功勋评定办法

　　五星社团评定办法

（刘伟、赵继红、林森、柳获供稿）

研发机制

　　在学校现有的编制里，没有为研发平台单独设置岗位。即使有的学校设有一些岗位，也难以满足研发工作的需求，所以需要无中生有，设置一批虚拟的研发平台。

　　一种研发平台是相对固定的，在较长的一段时间里相对稳定。比如，课程研究中心、教师专业发展中心、评价与诊断中心、考试与命题委员会，这些平台，一般设置一位固定的牵头人，负责召集校内外相应的专业人员参与各种研发工作。以某一位老师的名字命名的工作室，围绕某一个专业方向开展活动，也属于此类。

　　另一种研发平台则是战略高层指定的项目组。在一定时期里，因为学校发展的需要，必须由某些特定岗位上的人员一同参与研发，就某些问题的解决拿出大家普遍认可的方案。比如，薪酬制度与岗位职级标准、学生社团星级管理方案、荣誉学生标准及评选办法等。参与研发的人员最好与这些工作相关，因为他们既了解情况，也方便为实施奠定基础（见图5-1）。

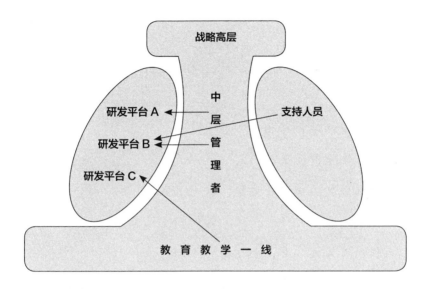

图 5-1 不同研发平台的研发人员来源图例

更多的研发工作则可以通过招投标的方式展开。学校战略高层和中层管理部门、各职能部门、教育教学一线，均可根据自己的需求，面向全校发布课题研究项目。每一位教职工，不管身处何岗，均可自主组建项目组，通过招投标的方式，竞标拿下研究项目，并同时取得一定数额的项目启动经费。此后，按照项目研究的要求，通过中期评估，结题答辩，关闭项目。最后，按照项目成果质量等级，获取相应奖励经费。这一类课题项目的研发时间一般为半年至一年，不设置超过一年的研发项目。如果有些项目一年内很难完成，那就可以分解为多个项目。

有些研发项目还可以面向学生，作为"机会榜"向学生发布，招聘研发团队。

北京市十一学校的"校园机会榜"，曾经发布过下列项目：

- 为学校设计吉祥物。
- 设计学生新校服。
- 学生影院经营管理方案。
- 开发"名家大师进校园"活动网上选座系统。
- 狂欢节策划方案。
- 开学典礼策划方案。
- 学生银行管理运营方案。

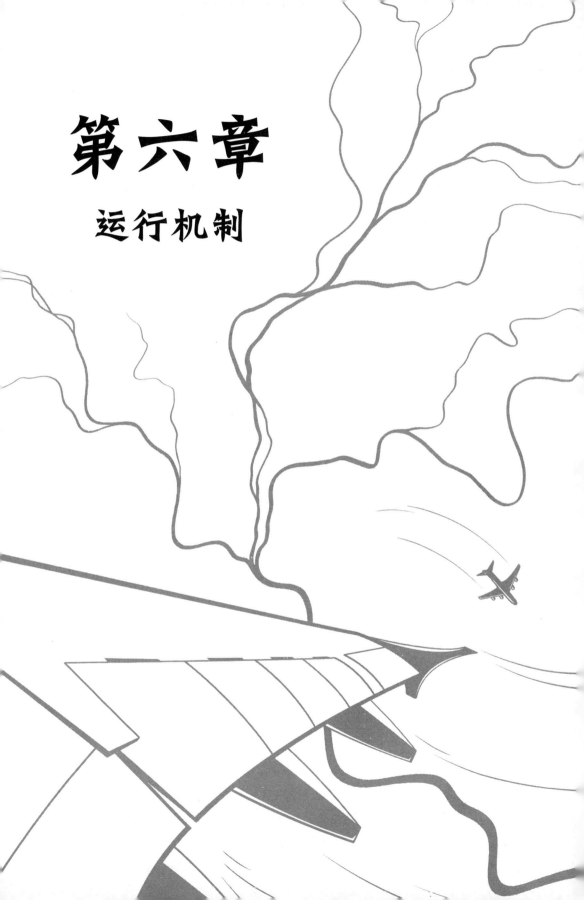

第六章

运行机制

组织结构涉及两个基本要求：一方面要把组织里的人员拆分到不同的部门；另一方面又要把各个不同的部门和不同的岗位协调、整合起来，以实现组织目标。

在前面几章中，我们重点是在完成第一方面的工作，即拆分。从本章开始，我们将转入研究第二项任务，如何将各个不同的部门和岗位整合起来，形成组织能力。这里面最重要的是制度设计。

组织结构本身很容易形成层级，也就是纵向关系；而组织内各部门、各岗位之间的相互作用关系，也就是横向联系，则必须靠相应的制度设计。如果说纵向联系的设计主要是为了实施控制，那么横向联系的设计则是为了促进协调和合作。

一个组织里，纵向联系所构成的上下级关系一般比较清晰，而制造矛盾和混乱的往往是横向联系。通过前面几章的梳理，我们基本形成了下面这样一个组织结构（见图6-1）。

各方高效、妥善协调和组织。

——在年级大型活动中，教务主任能有效协调各方面支持资源，协助年级组织活动的开展。

——通过团队建设，使教务处老师认真、负责地工作，清楚流程，主动、积极协助一线解决问题。

——教务主任能经常到年级了解需求，及时解决年级教育教学过程中的相应问题和需求。

客户2：学科主任

评价指标：

——教务主任在学科资源建设、学科资料印制准备上提供及时、准确的支持与帮助。

——教务主任能协调相应教务员在学科大型活动和学科事务性工作上给予协助，减轻学科事务性工作的干扰，方便学科聚焦教育教学。

——教务主任能经常了解学科需求，及时解决学科工作和发展中的相应问题和需求。

客户3：课程首席教师

——教务主任能及时给课程组的教师和学科教室配置相关教学资源。

——教务主任能协调相应教务员按照课程首席教师的要求，在规定时间内准确完成教材及其他课程资源的印制。

——教务主任能安排相应教务员帮助课程组及时处理财务报销等手续。

（于振丽、刘智敏供稿）

通过支持人员与客户的双向互动，评价双方得以不断加深和拓宽对每一项指标内涵和外延的理解。支持人员之间不再守着各自的责任边界，也不再互相推诿，更无须抢占地盘，因为，客户的满意度才是他们追求的目标。

需要说明的是，有些支持人员需要面对不同类型的客户。在这种情况下，不能对不同类型客户的评价结果加以合并，因为这些客户诉求的不同方向，可以给支持人员以启发和警示。即使同一类客户评价的各个指标的结果，也不应简单相加，因为不同指标呈现出来的不同结果，同样可以促进支持人员反思。一旦合并为一个笼统的分数，支持人员就会失去改进的方向。

有些支持人员面对的不同类型客户之间的诉求有冲突。比如，门卫的首要任务是确保校园里师生的安全，所以，他们的核心客户是师生。然而，他们当然也要为大量的校外来访者提供合理的进出校门的方便。这样，来访者自然也就是他们的一般客户。于是，问题来了，对师生安全工作来说，来访者越少越好，甚至想各种理由把他们挡在校门之外是门卫的最好选择。对客户之间的诉求明显冲突的支持人员的评价，应该非常谨慎。首先，要明确他们的核心客户，也就是设置这个岗位的根本理由，或者叫原始理由。核心客户的评价应该成为这个支持人员岗位业绩的决定性依据。而一般客户，如门卫的一般客户——来访者，他们的评价可以作为辅助性的指标，在不改变核心客户评价等第的前提下，以此给予适当的奖惩。

并非所有客户都可以直接评价为其服务的支持人员。还是以校园安全为例，门卫保护的对象之一是学生，按常规应该由学生直接评价门卫。可是，学生对安全工作的优劣感受不敏感，也远没有他们的老师和家长重视，他们的评价反而不一定能准确地反映门卫核心职责的实际表现。因此，由年级中负责学生安全的老师和家长委员会的代表来评价反而更为合理，只是用来评价的指标必须指向学生。

当然，有了客户评价结果后，还必须以这个结果来影响薪酬高低和荣誉评定。如此，支持人员的动力系统才能得以建立。

还有一点就是，通过明确支持人员的客户，客观上也让我们弄清了不同岗位的工作量和复杂程度，为我们给这些岗位确定不同的岗位薪酬提供了依据。

案例 6-2　北京市十一学校门卫的客户评价指标

一级客户1： 年级主任

评价指标：

——有效防止影响学生安全的人员进入。

——对非正常进出学生管理规范，沟通及时。

——对家长进出校门管理规范、严格。

——在处理突发事件时工作方法得当。

一级客户2： 教育顾问

评价指标：

——在面对问题学生和突发事件时能妥善处理、坚持原则。

——在面对问题学生和突发事件时能第一时间联系所在年级的教育顾问。

一级客户3： 教务员

评价指标：

——能积极配合年级教育教学活动需要，准确、合理控制出入校门人员。

——能与年级教务员保持良好沟通。

一级客户4：处室主任

评价指标：

——能妥善管理临时来校人员进出校门，既保障学校人财物安全，又给学校相关工作的开展提供便利。

——通过规范工作传递了学校良好的形象。

二级客户1：学生（抽样）

评价指标：

——对人流和车流的管理规范，保障了校门区域的安全和高效通行。

——工作态度好，能对需要帮助的学生提供合理的帮助。

二级客户2：教师（抽样）

评价指标：

——对人流和车流的管理规范，保障了校门区域的安全和高效通行。

——工作态度好，能对需要帮助的教师提供合理的帮助。

（赵华、魏涛供稿）

研发平台的运行

一般来说，研发平台上没有多少固定人员。然而，在一个创新、变革、发展中的组织里，研发平台却是人员流动最大的地方，也是一个组织里骨干力量交往的场所。一个组织能否感受到外界的变化和客户的需求，不断引入内外智慧和信息，挑战传统和经验，不断引发大大小小的变革，决定着组织的生命。当然，对研发平台的管理往往难度系数最高，最富挑战性，也往往决定着一个组织的未来。

我们经常听说，世界上许多知名的互联网公司对员工的管理非常宽松，不仅不规定上下班时间，甚至连上班不上班，都不是特别看重，只需他们开发出合格的产品。

> 对研发平台的管理往往难度系数最高，最富挑战性，也往往决定着一个组织的未来。

其实，我们听说的这种管理方式，正是公司对研发人员的管理方式，并非对所有员工都是如此。

学校对研发平台的管理同样应该聚焦对研发产品的管理，只是对不同生产方式、不同生产过程生产的产品，应该设定不同的撬动机制。

一类是由固定的专业人员生产的学术性较强的产品，如课程、学习用书、教学资源等。这类产品的生产往往委托专门人员，过程中不再设置竞争环节，因为这类产品的学术性强、工

教育教学一线

当几乎所有的组织力量都向一线倾斜的时候，你是不是会有点担心，担心他们位高权重，一家独大？

没关系，在这个制度设计里，当所有资源和服务都流向一线的时候，压力也同时流向他们。因为，对他们制约最大的是组织效益，只是，我们可以根据组织战略来界定什么是效益罢了。

目前，我们一般从三个方面考核教育教学一线的效益。

一是师生关系。前面我们已经说过，教育的效益需要学生毕业很长时间才能得到检验。很明显，我们不可能等到20年后再去检验某位老师的教育业绩，但是，我们又不能因为它难以衡量就放弃检验。正如罗伯特·麦克纳马拉（Robert McNamara）所说的，人们往往喜欢衡量能够轻易衡量的事物，一般不理会那些无法轻易衡量的事物，即使衡量，也不过强制给予它某个计量标准。我们对教师的工作业绩，仅仅以分数代替对其全面工作的评价，就是如此。所以，我们不能回避难题，必须找到间接衡量的方案。想一想，我们能发现风吗？不能！但风吹物动，于是，我们以物动情况来判别风之大小。根据我们的经验和大量的研究成果，我们已经知道师生关系可以间接衡量当下的教育效益，那么，衡量师生关系就是一个很好的替代方案。

需要说明的是，我们在赋予师生关系内涵的时候，必须依照国家有关师德方面的要求，特别重视方向引领、品格塑造、责任担当等方面在师生关系中的核心价值。

二是学生学分情况。就是学生在德智体美劳各方面都必须获得规定的学分，而且我们会让学分在学生的荣誉体系中发挥作用，学生的学分情况是衡量任课老师和年级工作的重要组成部分。

我们之所以把学生的学分获得情况同时作为教师工作业绩的一部分，旨在引导每一位任课教师关注并重视学生的全面发展。当每一位教师都不时地过问他任教之外的学科和学生全面发展的情况时，它对学生的影响将是十分巨大的。

三是教学成绩。我们不得不承认，就目前的升学体制来说，分数对学生发展的当前利益影响最大，属高利害。因而，我们必须重视教育教学一线，也就是每个学科的老师在这方面的产出，只是应当把握好尺度：第一，不能以牺牲学生的全面发展为代价；第二，引导教师以科学的态度和符合规律的方式去追求分数。

衡量教学成绩似乎是大家的强项，其实不然。那种大考小考，把所有考试结果均一一列入评价的做法，客观上造成了教师的急功近利，因为管理者与教师斤斤计较，必然导致教师对学生斤斤计较。这种文化，不利于校园教育生态，不可能让老师们从容淡定，百年树人。即使我们衡量教学成绩，也应该拉长一点时间，把成绩的取得放在一个合理的周期里，让教学成绩的获得更符合教育规律。一般而言，以初中毕业、高中毕业，三年一个教学周期的结果，作为评价的依据比较合理。你可能有点不放心，这没关系，你随时可以检测，了解教学情况，加强过程管理，这是管理的应有之义，但切不可将这些阶段性成绩纳入评价。良好的教育重在过程，成绩是水到渠成的自然结果。既然大家普遍同意这样的判断，那么我们在衡量教师工作的时候，理应依据这样的原则。

> 良好的教育重在过程，成绩是水到渠成的自然结果。

一个现实的问题是，有些教师中途调整了工作，不能完成三年的全程教学循环，这可能是由于各种原因。如果被提拔到管理岗位，就可以按照新的岗位标准来衡量；大部分则是因为不能胜任教学工作，特别是不能胜任毕业年级的教学工作。这种情况可通过年度聘任环节，在职级上体现，其教学业绩则从新的教学岗位开始评价。

有了这三个方面的衡量，一般来说，教育教学一线就不会有价值观的偏离，教学效益也往往能满足学生发展的需要。

战略高层

战略高层对组织的控制，核心是对教育教学一线产出的控制。战略高层如何评价其产品，决定组织产出什么样的效益，甚至影响其发展方向。

事实上，每所学校对教育教学一线产出的控制，与社会发展的状况有关。目前，许多学校仍以考试分数为唯一依据，这与时代发展有关。在那个"学好数理化，走遍天下都不怕"的年代，分数确是学生的命根儿。一本学历证书几乎可以通吃一切，而且在工作、生活中大部分时候也确实被证明了——有较高学历的人与其他人在知识、能力等方面有显著差别。即使到现在，分数仍然是让人进入不同层级学校的最主要的敲门砖。

然而，我们又不能不说，持有此种价值观的人，仍然沉迷于过去。尽管分数对升学的决定性意义没有改变，但社会对人才的需求却发生了根本性变化，能力和素养已经成为社会各行各业最为关心甚至也最为稀缺的资源。如果平衡不好分数和综合素养的关系，我们不仅愧对学生，使他们无法应对未来的挑战，即便对学校发展也是有害的。

《哈佛商业评论》总编辑阿迪·伊格纳修斯（Adi Ignatius）认为，财务表现不应该是今后企业的唯一追求，公司必须考虑员工、客户、社区等全体利益相关者的利益，而不只是股东利益。这与我们的观点是完全一致的。

通过调整资源配置方式来调整工作重点，是战略高层的运作方式。

一方面表现为对支持人员的管理。如何引导支持人员把人力、物力、财力、精力投入到合理的方向和应然的地方，战略高层可以通过调整支持人员的客户和修订客户评价指标来实现自己的战略谋划，而不是靠开会强调要求。

在某些教研组根据学校战略进行重大教学变革的时候，这些教研组就可以调整为掌握着最多教学资源的教务主任的客户。虽然过去他们并不需要教务主任的直接支持，但变革一旦启动，变量随之大量增加，不确定成为工作的常态。如果没有强有力的资源包括权力的支撑，任何火热的变革都有可能遇冷。

例如，戏剧课程的全方位育人模式，要求师生自制道具、自制服装，教学过程中的工具、材料、空间需求，不是戏剧课程的老师自己可以解决的。把戏剧课程的老师调整为总务主任的客户后，总务主任可以为实现课程目标提供有力的支撑。

即使客户关系不改变，仍然可以通过修订客户的评价指标，来引导支持人员调整工作重点。

对图书管理员的评价，是立足于把图书管理得完好无损，还是着眼于师生广泛的借阅和方便使用图书；是每年完成一定数量的图书采购，还是更加看重图书采购的质量；图书的质量是按照出版社的档次，还是师生的欢迎程度，这些评价指标的修订会慢慢带来支持人员价值判断的改变，当然也响应了组织的战略，满足了一线的需求。

还有一个方面表现为对研发平台的投入。战略高层支持哪一类产品的研发，在哪些研发平台投入多少经费、奖励的权重，都是保障组织战略实施的策略。

青年教师比例很高的学校，就应当加大青年教师培训课程研发的力度；中年教师比例过大的学校，则可以下决心研发中年教师如何突破瓶颈实现二次成长的策略。如果学校生源越来越好，那么，高层次课程的开发就必须提上日程；划片招生，大批基础薄弱学生出现，则必然要求我们进行基础性援助课程的建设。

如果年级主任里有许多新手，那么对年级管理的规范化、标准化、流程化的产品研发就应当从速；如果学校正在推进一项教学领域的变革，那么对新的教学模式、教学策略的研究，甚至对教学资源、教学工具箱的建设就意义重大。

战略高层还有一个组织中其他人没有的权力，即可以通过组织结构的变形来调整组织战略。

局部的变形可以在组织的每个部分中进行。比如，教育教学一线采用学科制、学院制，还是年级制？即使同为年级制，内部结构还可以有多种选择。比如，支持人员的组合方式，是大部门制，还是分类型的多部门主管式，等等。

整体的结构变形则涉及组织各个部分之间的关系。比如，在本书第三章中我们谈到对中层管理者的不同排列组合方式影响着组织的战略选择，对支持人员和研发平台的排列，是更扁平还是随着战略高层与中层管理层次的高低相应排布，也同样决定着组织活力可能在何处爆发。

战略高层在对组织进行调控时，要充分权衡其利害优劣。没有一种完美无缺、有利无害的调控方式。正如彼得·德鲁克（Peter Drucker）所言，在组织这个复杂的感知环境中，我们的衡量行为既不是客观的，也不是中性的，而是主观的，并且必然带有倾向性，它会使事件和观测者都发生变化。无论我们多么"科学"，这种或那种事件被选出来"受到控制"，就标志着我们认为它们是重要的。许多身处战略高层的人，为什么经常自称"战战兢兢，如履薄冰"，根源就在这里。

在校园里创造市场

学校组织结构中的五个部分解决不了学校中的所有问题，许多工作运行，需要借助市场的力量，特别是校园内市场的力量。

学校内最应该发掘的是人力市场。

在一所学校里，摆在校长面前的最大挑战就是如何将合适的人放到合适的岗位上，做到人尽其才。

一个人如果被放到了不适合的岗位上，不仅组织效能会受影响，也会让他本人发生扭曲。因而，运用市场法则，把人才流动机制引入校园，应该成为学校用人制度设计的一个重要原则。

在一定时间内，允许不同岗位的人员适当流动；在公布了可供选择的岗位后，允许大家自主选择适合自己的岗位；聘任者与被聘任者双向选择，可以部分解决这一问题。

校长需要公布直接下属的岗位编制，如年级主任、各部门主任、各学科主任等，供相关人员选择；同样，校长也通过一定的组织程序在相应的人员中聘任直接下属。

同时，校长也必须通过战略高层的相关决策，形成年级主任、部门主任这些有聘任权的职位与全体教职工的双向选择机制。

智慧筹集，也是一个组织中最应当借助市场力量的。

我们经常提到搭建平台，许多时候平台似乎搭建起来了，却没有达到预期的效果。这是因为我们对平台的理解有问题。似乎敞开一个通道，或者给大家一个入

学校内最应该发掘的是人力市场。

口，就可以让智慧汹涌而来。这未免想得过于简单，也过于幼稚了。

一个平台应该是一个完整的机制，应该有开头，有结尾，是一个闭合的系统；应该有规则、有标准，当然也应该有评价，有奖励。一个组织，应该让组织里的成员了解组织长期设置的稳定的智慧众筹平台。这些平台不分时间、地点、类型，不舍昼夜地等待每个人的意见、建议，甚至牢骚，并对其认真梳理、筛选、归类。无论组织内哪个部分，能采纳的建议，立即采纳；不能采纳的，或者暂时不能采纳的，也要向对方一一反馈，既做出诚恳说明，也表示诚挚感谢。平台要建立一个师生代表数据库，随机抽取评委，对所有建议进行评选，建议无论是否被采纳，其高下均以建议本身的价值而定，对评委认可的建议随时给予物质和精神鼓励。

尽管学校不可以召开过多的行政性会议，但是，面向教师专业发展的论坛、分享活动却应该丰富多样。然而，无论何种学术活动，均不宜采用行政命令。教师是否参加，完全依本人需要自主决定。这样的机制，对组织者和分享者也带来一定压力，如何吸引更多的人参加，是评价论坛质量的重要指标。

校园内面向学生的活动同样如此。丰富多彩的校园生活，一定要建立在自主参与的前提下。每一项活动的生命力，也取决于学生的参与程度。

当然，也可以通过发放"校园货币"的方式，给师生提供方便，让他们购买师生生产的有价值的产品。这既可以让市场检验产品的价值，也能让生产者有所收益。即使新教师培训，也可以利用市场以提高效益。譬如，可以给新入职教师发放一定数额的"求教券"，新教师可以在全校范围内寻找适合自己的"临时师父"向其求教，并根据自己的收获情况自主确定发给师父"求教券"的数额。

校园内各个上下游的工作环节，也可采用市场的方式运作。例如，罗振宇创办的得到公司在招聘员工时，公司最终面试团队与人力资源部门就形成了市场交易。每推荐一名初试合格人员被最终面试团队录用的，人力资源部门即可获得1000元奖励。推荐的人员，若未被录用，每出现一个则扣除500元，以此引导人力资源部门提高初选质量。

当然，校园里的服务业，则更方便进行市场运作。比如，学生食堂一般应有三个以上经营单位平等竞争，让学生自主选择，以实现在双向互动中不断改善饭菜质量。员工和供应商之间没有绝对的界限，既可以把更多的员工变为供应商，也可以把更多的供应商变为员工。比如，文印室、学生公寓、体育馆的管理服务过去都由学校的固定员工负责，现在则可以将其推向市场，以学校购买相应服务的方式，让公司参与招投标竞争。这样学校就不再为员工付薪酬，而是为他们的服务付费。

有些长期交往的公司，尤其是学校经常打交道的供应商，如文具公司、旅游公司、桌椅制造公司等，可以选定其中的某些员工或管理者，对他们进行一定的管理，包括培训，让他们理解学校的文化、运行方式，以方便他们主动为师生服务，甚至可以为他们设立相应的荣誉奖项，以增强他们的凝聚力，将他们变为学校的"编外员工"。

双线监督

纵向管理容易出现的问题是基层对信息的屏蔽。由于存在高利害的上下级关系，下属一般不希望让上级看到自己有问题的一面，报喜不报忧是机制和人性二者共同作用的结果。因而，双线监督应该成为纵向管理的标配。

所谓双线监督是指除了通常的上级对下属的直接监督之外，另有一条监督的通道，一般由非直接上下级，包括第三方实施监督。

譬如，年级的教学质量，年级主任一般会和各学科教研组长一起，认真关注各位任课教师的教学情况，包括不同学段的考试成绩。然而，仅靠这个是片面的，身在其中的人容易屏蔽一些信息。所以，学校的命题与考试中心可以每学期专门安排一次考教分离的考试，由其他年级的老师命题来检验教学状况，从第三方的角度给当事人以提醒。

譬如，食堂的食品进货质量，仅仅靠食堂主管监督是不够的，应另有家长委员会的代表，尤其那些有类似工作经验的家长参与监督，这样做效果会特别好。

譬如，校园安全工作，仅靠安全保卫处主任监督难免千虑一失。如能发动师生、员工人人关注身边的安全隐患，则监督工作就可以增加新的视角。如果能够在全校师生中形成安全隐患发现奖励机制，这本身就有对负责安全工作人员进行监督的作用。

第七章

组织能力

一个组织通过明确各部分的职能，并通过各部分及相互之间的制度设计就可以让组织有序运行。然而，要真正形成良好的组织能力，还需要添加一些特定的机制。

薪酬体系、荣誉体系与职级晋升机制

一个组织有没有活力，与这个组织的薪酬体系、荣誉体系与职级晋升机制有最为密切的关联。

设计这样的机制有两个原则。

第一，薪酬体系、荣誉体系与职级晋升机制的设计，与每位员工的努力和技能有合理的因果联系。

第二，薪酬、荣誉与职级具有流动性。就是说，随着时间的变化，每位员工不会一直陷入某个层次，而是会因为自己的努力程度和技能水平的变化而变化。

构建这个系统的切入点在职级晋升机制的设计。

一个组织里不同的专业人员到底应该设置多少个层级的专

业职务？要解决这一问题，首先要弄清当前和今后一个时期从事这项工作的群体状况。这个人群现实和未来可能的素养、能力分布，也就是他们之间的差距到底有多大，其中高、中、低不同素养和能力的人群，与社会上相应行业人群的关联状况是什么样的，这些要弄清。

另外，从教师群体本身来说，中小学教育与企业经营不同，每个人的工作量和在学校中的作用，看上去并没有能够衡量的重大差别，不像一些公司，一位高管的决策效益，有时候可能超过全公司成千上万名员工工作业绩的总和。因而中小学教师之间的薪酬差距不宜过大，更不可能像公司那样悬殊。能够承担大学先修课程和奥林匹克竞赛课程的教师，在一般学校里既能够担任教研组长，也有能力担任班主任，还可以带徒弟，他们应该处于学校职级体系中的最高级别。而这样的教师在社会上相应的机构里享有什么样的待遇，这个待遇当然不是仅仅用薪酬衡量，理想状态下，这往往就是我们设计的职级体系最高端的依据。另一端则是初职教师。他们是刚刚胜任教育教学工作的群体。这个群体可能与社会上哪些行业的哪些岗位产生流动，应比照这些行业的各种岗位，以略有优势的原则，来确定这个职级体系的基础岗位的层次。

从基础岗位到高端职级的定位明确后，接下来就是对教师专业生涯的分析，并以此确定这个职级体系中级别的数量和分布。

如果我们希望每位教师平均在三年左右有一次职级晋升，以平均35年教龄计算，那么，从基础岗位到最高级的岗位，一般应该有10—12个级别。对一些晋升较快的杰出人才，可以在职级体系顶端，为他们另设一些荣誉性岗位。

需要说明的是，各个级别的职级数量不是平均分配的，应该根据组织内各类不同群体的占比设定。例如，在一所传统的学校里，若资深人士较多，中高级职级的岗位就应该有更多的设定；而一所新组建的学校往往由大量的青年教师组成，中高级职位则不宜设置过多。

如何让职级体系发力，与薪酬体系、荣誉体系一起成为组织的发动机？这就回到了前面提到的，要让员工的职级变化，与他们的努力程度和技能水平形成合理的因果联系。

案例 7-1　北京市十一学校教师职级及相应的岗位要求

岗位职级	岗位要求
校内特级教师	长期引领学校某一领域的专业工作，在国内同一领域内领先
带头人一级教师	在学校倡导的教改领域里有较大突破
带头人二级教师	担任过两个以上领域里创新变革团队的负责人
带头人三级教师	在某一个领域的创新变革团队中担任负责人
骨干一级教师	连续担任年级教研组长或课程首席教师
骨干二级教师	在骨干二级岗位上成绩优秀，能带徒弟
骨干三级教师	担任或曾经担任年级教研组长或课程首席教师
骨干四级教师	胜任全年级命题任务且表现良好
基础一级教师	承担两个以上循环教学任务
基础二级教师	胜任初中三年或高中三年一个循环的教学任务
基础三级教师	能够胜任所任年级教学任务
初职教师	刚刚胜任教育教学工作的任课教师

（吴凤琴、马玉琴、王春易供稿）

如果我们按教师的工作年限自然晋升职级，这个体系就会失去活力。如果按照传统做法，以投票的方式确定晋升人选，那么组织文化中就会充满讨巧之风。如果以发表论文、出版著作或公开课等所谓学术水平衡量，那教师的精力就不会真正用在学生身上。

因而，我们说的职级晋升应该与教师的努力程度、技能水平有关，也应该与学生的成长关联。

职级晋升应该与教师的努力程度、技能水平有关。

比如，一位初职教师工作一年，不是自动晋升为基础三级教师，他必须胜任本年级的教育教学工作，在教育教学工作调查中获得学生"良好"以上的评价，其教学成绩和本年级平行教师的差距在可以接受的范围内。而要从基础三级教师晋升为基础二级教师，也并非只需三年时间，而是必须实现教学的一个循环，即从起始年级教到毕业年级。小学六年，可以分为每三年算一个循环，共两次循环。如果不能胜任毕业年级的教学，则不能晋升到基础二级教师。小学可能更看重教师是否可以独立胜任起始年级的教学任务。

如果要从基础一级教师晋升为骨干四级教师，教师不仅靠教学能力，还要有为全年级或其他年级命题的能力，且命题质量经过评审达到"良好"以上水平。而要从骨干二级教师晋升为骨干一级教师，教师必须担任或曾经担任过年级教研组长或课程首席教师。

带头人系列的起点就是学术带头，只有具有带头业绩的教师才能被聘为带头人系列的职级。比如，带头开发了一门课程，带头启动了一项教学改革，带头编写了一套学生学习用书，等等。当然，担任学科主任、年级教研组长、课程首席教师，是最好的带头。他们只要达到相应年限，又一直在这个岗位上并胜任工作，一般会优先晋升到上一级职位。

职级晋升可采用聘用和审定双重机制。学校可以根据职级分布状况，给各个聘用单位分配职级总量。比如，高一年级设岗40位教师，按照常态分布，全校教师平均级别应该是6级，以12个级别的教师职级计算，高一40位教师，其需要的职级总量应该是240个。高一年级主任在聘用教师时，不得不考虑人员的组合。如果全部聘用资深教师，其职级数量势必短缺。在聘任过程中，他还必须事先与被聘用对象协商其可能的职级，因为这是双向选择的聘任，只有双方达成一致，聘任才会成功。当然，每个年级聘用的教师职级还要经过校务委员会审查。审查的依据就是教职工代表大会通过的职级职责要求。这个审查也是为了平衡各个聘任单位之间的聘用结果，防止出现同一类教师差距过大的状况。但一般要尊重聘任单位主管的意见。

薪酬体系是和职级体系相配套的，只是在薪酬结构中，不是所有部分都随着每年聘任岗位级别的变化而变化。在整个薪酬结构中，应该有一部分是基础工资，份额不宜过大，但相对稳定，每年有一定提高，以便给大家一个安全、稳定的心态。而其余部分，则根据聘任职级的高低和工作量大小确定。

如前所述，薪酬体系对应每个职级的薪水不是等比例提升的，应该根据需要努力的程度和技能水平要求的高低确定。比如，从初职教师到基础三级应该差别较小，因为这个级别的晋升门槛较低，只要胜任一般教学工作即可。而基础二级教师则是教完毕业班后历练过的，从基础三级教师到基础二级教师的薪酬差距应该相应加大。而从基础一级教师到骨干四级教师，从骨干一级教师到带头人三级教师的差距，也应随着对能力和技能水平要求的显著提高而明显加大。另外，基础序列和骨干序列教师素质要求差距不是特别明显，其序列内的薪酬水平不宜过大。而带头人序列中，每一类职级教师的能力和技能水平明显不同，带头人序列内各个职级的薪酬水平可适当拉大差距。

在设计职级晋升和薪酬体系时，有一个原则需要特别提出，就是如何刺激教师行为的正向改善。诸如，既重视教书，更重视育人；看重分数，更看重学生的未来发展；个人努力，团队合作；一切为了学生全面发展；既服务学生成长，又注意坚守原则，对学生严格要求；等等。

也许有人会说，这样的薪酬体系和职级晋升机制是画饼充饥，校长没有这样的权力，因为薪资和职称都是政府确定的。其实，改革开放以来，任何时候政府从来都是鼓励改革的，特别是鼓励试点。我们所有的改革，都可以从国家的法律法规中找到依据，无须突破法定的政策，只要把政府宏观提倡的在基层的组织里落

我们所有的改革，都可以从国家的法律法规中找到依据。

地即可。所谓"顶层设计，基层探索"，说的就是这个道理。1990年代初期，我在山东省高密四中担任校长的时候，学校就已经实施了这样的制度，那时还是计划经济年代。

　　还有，任何一个组织，都要有自己的荣誉体系，因为许多员工的价值已经无法仅仅靠职级和薪酬本身来衡量，而且一个组织的价值导向，也同样需要他们的引领，可以认为，他们是校园里行走的文化。

　　在学术职级方面，带头人系列的最高级别之上，还应该设定一个荣誉性职级，可以叫作校内特级教师，也可以直接称为荣誉教师。无论叫什么名称，都应该让社会上的人一听就立刻能明白其中的分量。能够被聘为学校荣誉教师的，一般需要多方认可，如学生、同行、家长等。一旦取得荣誉教师资格，学校应为其提供更大的专业学术空间，如设立工作室、配备学术助手、独立经费预算等，以方便其进一步专业成长，并影响、带动更多的老师。

　　学校里的服务岗位，也同样需要设立荣誉岗位。"最受学生欢迎的食堂主厨""最贴心的电教工程师""最让家长放心的安全卫士"，等等，学校应该为他们设立令人感佩的岗位名称，并让他们享有相应的薪酬待遇。

　　在职级体系之外，还可以就一些关键性业绩和突破性贡献设置单独的荣誉性奖项，如学校年度功勋教师等。根据学校不同时期的战略方向，有些教职工做出了不可替代的关键贡献，或者由于某个教职工的工作，为学校避免了重大损失等，即可以纳入年度功勋表彰。这样的荣誉一般应设定时限，不宜实行终身制。

划小组织单元与责权利等边法则

在组织内部通过划小组织单元，以增强组织的活力，已经成为世界范围内各个行业的潮流。然而，如何使划小的组织单元成为一个真正有效的组织，却并不简单。除了我们通常说的，一个组织要有统一的目标，要有合理的结构，要有科学的管理这些要求外，很重要的是这些小组织的上位组织有没有分权。也就是说，这些小组织的责任、权力、利益是否匹配。

管理学强调的责权利等边法则，在绝大多数组织里没有得到落实，主要是人性的弱点使然。领导者很希望下属承担更多的责任，所以签责任状往往是领导们特别热衷的事情。大部分领导者，也愿意为做出业绩的下属分配一定的利益。然而，对他们履行责任所需要的权力，领导却攥得很紧。领导往往喜欢把组织内的大量权力握在自己手上，他们对下属一旦拥有了权力会做些什么心里没底，极不放心。

可见，要解决责权利等边，根本办法是给这些小组织分权，而权力中最为要害的是人员调配、资源使用和预算自主。

以学校里的学科组为例，我们可以将其划分为若干个年级教研组、若干个贯通各个年级的课程组。这些小组责任一定要明确、聚焦、直指核心，尤其不能贪多求全，分散他们的精力。首先要关照其物质利益，千万不要带着自己的道德洁癖去审视下属实际的利益诉求。当然，精神鼓励有很好的引领作用，学术认可更是有利于个体和组织的长远利益（见图7-1）。

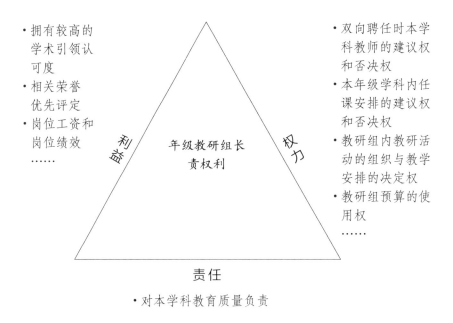

图 7-1　年级教研组长责权利等边示意图

有些组织单元并非固定的组织，它们只是临时组建的项目组，即使它们一学期后解散，也同样需要遵循责权利匹配的原则。比如，教师培训中心可能有几项相对独立的工作，就可以成立几个相对固定的项目组，如初职教师培训、卓越教师经验传播、中年教师二次成长、青年管理者领导力读书班等。这些项目组的责任，我们从项目组的名称即可明了，但他们履行责任所需要的权力，连项目组的人自己也不一定说得清楚。所以，领导者必须通过各方智慧在实践中界定他们的权力，这应该是为项目组工作铺路的基础性工作。

预算管理

如前所述，一个组织只有具备经费预算权，才算真正有了实质性的权力。无论我们有多少理由，都不可以不重视组织内的预算管理，尤其是给处在第一线创造组织效益的基层组织应有的预算权。

学校经费宽裕与否跟是否实施预算管理无关。经费不宽裕，分配到每一个小组织不宽裕，全部放在校长手上同样不宽裕。因而，在基本明确了组织内各个小组织之后，就应该同时将其确定为一个独立的预算单位。

每个年度开始前的两至三个月里，应该是学校组织各个预算单位编制预算的时间。这看上去是研究怎么花钱，背后其实是在讨论和规划第二年的工作。没有明确、详细的工作计划，就不可能做出具体、可操作的预算。当然，每个组织必须对学校的战略思考、年度规划了然于心，而且在预算过程中，要聘用第三方机构——会计师事务所全程参与，通过他们的专业指导，尤其是询价，使预算做到合理、科学、切实。

校务委员会审议预算的过程，就是审查各部门、各年级工作计划的过程。校长批准后的预算即可挂到网上办公平台，由各预算单位、财会人员、资产管理者、财务总监各负其责，组织实施。校长通过委托，由财务总监负责日常每笔开支的签批工作。不同的是，财务总监只能审查开支是否确属预算之内，发票是否规范，而不得干预各预算单位已经批准过的预算开支项目。财务总监的"一支笔"是有限权力，但省去了校长不必要的财务审查负担。

其实，预算管理最为重要的是对资源配置的引导。同样的生均经费，因为支出方向的不同，会给学校带来完全不同的发展变化。一所学校能否把钱花在离学生最近的地方，既考验我们的学生观，也影响学校的发展方向。

矩阵管理

由于工作的复杂性，任何一个岗位都很难仅仅隶属于一个领导，当人们面对两个甚至两个以上领导指挥的时候，就产生了矩阵管理。

矩阵管理的优势和缺陷都同样突出，在一个组织里，能否将矩阵结构设计得既扬长又避短，取决于一个组织的能力。

传统的管理者都对矩阵结构存有疑虑，因而他们往往回避在自己的组织内探讨矩阵管理。事实上，在绝大部分组织中，矩阵结构客观存在，只是我们的管理者采取鸵鸟政策不去正视它，甚至刻意回避对矩阵管理的研究。

其实，我们每个人都是在矩阵结构的家庭中长大的，父母就是天天对我们耳提面命的双重领导者。遗憾的是，和我们的大部分组织一样，我们的父母大都也没有认真研究过这种管理结构可能带来的问题，以致今天我们对孩子的管理依然缺乏理性。

> 我们每个人都是在矩阵结构的家庭中长大的，父母就是天天对我们耳提面命的双重领导者。

矩阵结构能否最大限度趋利避害，并不在结构本身，而大都因为相应的制度，即矩阵管理方式。

理论上说，两个或者两个以上的领导，他们各自管理着不同领域。譬如，在工厂里，你面对两位领导，一个负责生产设计，一个负责产品制造，事情不是很简单吗？设计方面你听从一位领导的指挥，制造方面则听从另一位领导的安排。然而，实际的情形却复杂得多，不仅很多事情很难明晰地归为这两大类工作，即使全部分清了，还有人力、物力、精力的抢夺、冲突。到底哪些事情、在哪些时候该听谁的，人们仍然难以判断，于是，误会、扯皮、冲突由此产生，这些严重地消耗了组织能量。

由此，在矩阵结构的制度设计中，应该有意给予双重领导的一方更大的权力，甚至是最终的决定权。至于这个权力应该给哪一方，应该根据组织的行业特点、组织的特定发展阶段，尤其是哪一方距离产生组织效益的一线最近，包括在一线产出方面承担更大的责任等来决定。

在目前的学校里，一位教师通常要同时接受年级主任和学科主管的领导。很显然，学科主管领导的就是本学科教学专业方面的工作，包括教学进度、教学方式、教改方向等；年级主任则以学生成长为目标，负责更为广泛也更为复杂、全面的教育教学工作，而且年级主任在一线负有主要责任。由此，我们在设计管理制度时，既应强调双重领导双方的价值，又应强化年级主任在矩阵结构中更重要的地位，把聘任权放在年级主任手上，以表明在人事管理权限方面的隶属关系。由于年级主任在最终的教育效益方面负有主要责任，因此当面对矛盾冲突、不好抉择的情形时，他们一般也不会草率行事，他们会权衡对教育效益有可能产生的利害，斟酌是否有利于学生成长，他们会乐意沟通、协商、合作、妥协、包容。

有些矩阵结构则不必设计为上下级关系，有许多管理是可以转化为服务与支持的。比如，负责课程的副校长和负责行政、后勤的副校长，他们和年级主任的关系，也是一种矩阵结构，但却不宜把他们设定为年级主任的领导。负责行政、后勤的副校长，应该把年级主任当作自己的客户，年级主任有权对其服务工作的质量做出评价。负责课程的副校长则是领导一个个研发团队，通过开发课程与教学资源服务年级，尽管年级主任无法全面了解其工作情况，不对负责课程的副校长本人做出工作评价，但年级中的师生，却可以定期对其领导的多个团队开发的课程与教学产品做出评价。这样的矩阵管理方式，引导人力、物力、精力向年级倾斜，处在矩阵结构中的两位副校长应该向年级提供什么样的支持和服务，更多地来自倾听和寻找。年级当然也就无须左右为难。

学科主任与分管课程的副校长和负责教务的教务主任也有类似的矩阵结构关系。我们可以把学科主任设定为教务主任的直接客户，他们之间自然构成服务与被服务的关系，而分管课程的副校长则担负为学科搭建平台助推学科课程研发的职责。因此，学科主任也是他的当然客户，学科主任也享有评价其服务质量的权力。从这里可以看出，我们在设计制度时，可以给学科主任较大的空间，以使整个组织里没有什么人可以给他的工作构成干扰。因为，学术工作需要相对的独立性，学科之间的差异远比我们想象的更大。防止校园里的学术霸权，必须在结构和制度层面有意为之。

竞合关系

大多数失败的组织不是被别人打败的，而恰恰是被自己人打败的，是组织的内耗最终毁灭了自己。导致组织内部乱象丛生的原因有很多，特别是我们前面谈到的组织结构问题难辞其咎。还有一个较普遍的原因，就是对组织内竞合关系的制度设计有问题。

人性的弱点导致绝大部分领导者喜欢看到下属之间竞争，那种坐山观虎斗的感觉据说十分惬意，客观地说，下属之间竞争往往有利于领导的掌控。于是，正如我们看到的那样，组织内部的制度设计，偏向竞争的往往多于追求合作的。所谓生态恶化，一般源于过度竞争的制度，或者虽然没有纸面上的制度，但潜规则带来的恶果也毫无二致。

在一个组织内部，我们应该追求的是合作，通过合作形成组织能力，所谓攥起的拳头有力量。有了这个力量，我们才能在外部世界里竞争。这是一个大道理。

组织内还有其他小道理，需要兼顾。通过竞争启动内部活力，就是其中之一。如果我们始终坚持小道理服从大道理的原则，就会保障组织内部制度的和谐。如果有人过分强调某一个小道理，把大道理抛诸脑后，就会带来若干制度之间的矛盾，甚至与组织目标冲突。

目前，在许多学校实施的教师评价办法，就明显与教育的大道理冲突，甚至是反教育的。谁都清楚，每一位学生的成长都是教师合作共育的结果。每一个教师团队，都是通过个体间的合作，智慧流通、资源共享、工作互助，来实现教育效益的最大化。不幸的是，许多学校在评价教师业绩时，不仅只关注每位教师个体的成绩，而且还为教师排名，不仅排名，而且与个人的奖金挂钩。这引发了教师间的恶性竞争。教师之间互相设防，资源封闭，甚至相互拆台，就是这种过度竞争的制度带来的恶果。这样的生态不仅让教师职业生涯变得无趣，更要命的是给学生带来负面影响。

我们认为，对教师工作的评价应该主要着眼于评价团队。一个年级教研组，同学科的几位老师目标一致，互相协作，才能产生最好的教育效益，尤其是合作的团队文化带来的微笑、从容、善良，会成为最重要的教育元素影响学生。这些东西远评价团队才能形成团队，只有团队才具有良好的组织能力。

远比过度竞争之下的提防、猜忌、迁怒、紧张要好得多。

评价团队才能形成团队，只有团队才具有良好的组织能力。

教师群体间当然也需要竞争，但我们需要通过制度设计，避免他们之间个体与个体的高利害竞争，而应该设定一种与不同职级教师、素质标准的竞争。也就是说，让每一位教师眼中瞄着一类目标群体，使这类教师身上具有的素养、能力、努力程度，成为他们追求的目标；通过制度安排使他们清楚，不达到如此的素养、能力、努力程度，就不可能具有与这类教师一搏高低的竞争力。也就是说，竞争不是人与人之间的竞争，而是向更高的素质、标准看齐。而要实现这一目标，必须与同事合作。

要构建这样的教师竞争关系，可以通过年级与教师双向选择的聘任制度来实现。这样的聘任不再依据一个个具体的数据，而是根据职级能力要求，综合考量一位教师的综合教育素养、能力和努力程度。既无硬性排队的量化，又不会是非此即彼的排斥性竞争，同时岗位设置数量不少于在职教师数量。也就是说，只要达到了相应的素质要求，人人都有岗位。这就比较好地解决了过度竞争，尤其是与同伴狭隘竞争的问题。当然，一位教师真正要在日常工作中实现这样的个人素质提升的目标，也只能在与同事的合作中实现。

年级制的管理模式，我们主张采用循环制，即由一位年级主任带领一个教师团队，从起始年级接手，一直带到毕业年级。小学则可以分为两个学段。这样做不仅有利于教育，大家也会更注重长远的教育效益，对学生也比较熟悉。在管理上还要考虑年级与年级，不同年级、不同学科的教师团队之间的隐性竞争。人性使人们都或多或少有一点比一比、赛一赛的心态。这样的竞争是组织结构的设计自带的。然而，我们在制度设计上又要避免挑起这种竞争。为了推动年级之间合作，我们反而应该有一些制度安排。比如，毕业年级一旦取得优异成绩，其他年级也同样有适当的奖赏，等等。

末位淘汰制度在任何时候都要慎用。在没有相应辅助措施的情况下，末位淘汰一定会导致恶性竞争，甚至会产生严重的后果。

譬如，学校食堂的运营，我们主张引进社会化的、有合格资质的食堂管理公司管理，但又不可以让一家公司把控。没有竞争的食堂是注定要出问题的。有三家或三家以上是比较好的选择。学生自主选择就餐，用饭卡投票即是对他们运营质量的最好评价。当然，作为食堂服务对象的师生也要每年对其进行两次评价。评价结果既可以作为奖惩的依据，也可以根据一定时间里累积的评价数据，对三家公司实施

> 末位淘汰制度在任何时候都要慎用。

末位淘汰。

但是，切不可简单地末位淘汰，应该设定一些条件。比如，进入校园半年试用期内不淘汰，因为他们需要一个与各方磨合、适应的过程。再如，距离全部公司的平均成绩低不到5个百分点不淘汰，只进行黄牌警告；而对低不到3个百分点的公司，即使处于末位，也应视为正常，给一定的生存空间。

在整个管理链条上，我们把哪些环节设定为竞争环节以启动活力，且不影响合作，是保障组织能量、防止内耗的重要策略。

核心价值观

把核心价值观放在组织能力这一章里来谈，可能会让人意外，但却非常真切。在今天这个价值观越来越多元，传播速度越来越快，以致令人眼花缭乱的年代，一个组织必须在价值观方面有自己的宣示。苹果公司的使命、愿景，华为基本法，许多公司老总定期发布的内部信，都是在经营公司的文化。

一个组织的核心价值观，应该立足于服务社会。无论你从事什么行业，无论你身处什么地域，如果组织的核心价值观最终仅仅为了自己的组织本身，就一定既飞不高，也走不远。不以推动社会进步为根本追求，就会使一个行业和一个组织的价值黯然失色。既难以凝聚组织内有追求的高素质人才，对社会也缺乏号召力，难以吸纳更多的社会资源壮大组织。

一所学校的核心价值观，应该立足于服务学生成长，并通过毕业生为社会服务。如果我们仅仅把办学目标锁定为创办一所所谓的名校，就很容易偏离教育的价值。

核心价值观中另一个重要的方面就是对本行业规律的敬畏。应坚持专业的科学精神矢志不移，始终如一。既不偏离正确的方向，也防止走捷径，抄近道。

一所学校如果缺乏对学生成长规律的敬畏，缺乏对不同学科认知规律的尊重，在教育教学领域里今天刮风、明天下雨，没有始终坚守的核心价值观，就一定会让教师无所适从，组织能力也难以形成。

把核心价值观写下来并不难，难的是如何成为组织内全体成员的共同追求；即使在思想上已经被大家所认可，在实际工作中如何有效贯彻，也并不简单。

我们的建议是在组织内部给大家提供一些关键原则和衡量的尺子。

哪些可以成为关键原则？一是锚定教育本质所需要的，二是聚焦日常工作中易错、易混的领域。

譬如，北京市十一学校坚持以下原则：

- 教育服务学生成长，而不是简单地为学生服务。

- 教师的业绩，就是表现在学生身上的成长。

- 评价，最重要的目的是为了促进评价对象的进步，而非甄别。

- 师生关系是教育教学工作的基础，师生关系的主导方在教师，评判方则是学生。

- 多一把评价的尺子，就多出一批好学生；多一些评价的尺子，后进生就有可能成为好学生。

- 惩罚也是一种教育，惩罚要立足于学生成长，要以学生可以接受的方式实施。

- 把钱花在离学生最近的地方，努力创造条件，将教室建设成为学生最喜欢的地方。

- 让最需要资源的人员能够及时方便地获取资源，尽量让使用资源的人有权管理资源。

每一项关键原则，如能积累一批案例，则更方便老师们理解。

衡量的尺子则不需要太多，在学校里有两把尺子至关重要：一把是"为了学校，还是为了学生"；另一把是"方便教，还是为了学"。

先看第一把尺子："为了学校，还是为了学生"（见图

7-2）。

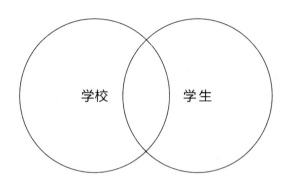

图 7-2　为了学校，还是为了学生

我们承认，在根本利益上，二者并不冲突。但是，在每一件具体事情的处理上，我们往往看不到根本利益，一开始的切入点、动机就很容易出问题。我们经常以"为了学校"的名义忽略甚至伤害学生。

以目前大行其道的公开课为例，有些教师上公开课时把班上的后进生剔除——为学校争来了优质课的荣誉，但却给一些学生带来了终生难以愈合的心灵创伤。

看一看学生餐厅的桌椅吧。是不是大部分都被固定到地面上不可挪动？是的。你可能会说，这样做是为了整齐，可以让学校显得更有秩序。可是，我们也发现，你并没有把家里的餐桌固定在地面上。对就餐人员来说，他们的身高、体型、习惯各不相同。一个个相同布局的、固定的餐桌餐椅，肯定会

163

让一些人感觉不舒服，这样的设计忽略了学生的感受。因而，在"为了学校，还是为了学生"的问题上，找到二者交叉的部分，对我们是一个很大的挑战，但也是特别有价值的选择。

再来看第二把尺子："方便教，还是为了学"（见图7-3）。

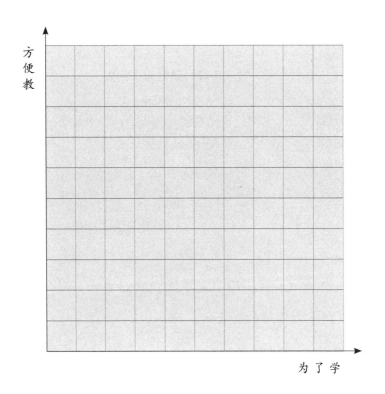

图 7-3 方便教，还是为了学

我们以坐标的方式呈现，本身就认可二者的兼容性。但是，理论是抽象的，一到每一位老师、每一堂课、每一个教学内容的设计，考验我们的就来了——你的教学设计、你的教学流程，包括你的资源提供方式，你如何考试评价，都让你是"方便教，还是为了学"不言自明。

譬如，给每个学生设计个性化的寒假作业，在进行单元学习之前就向学生发放全部学习资源，肯定会给教师带来更大的工作量，而且这样安排所产生的学生多样化的学习方式、学习路径肯定不如齐步走让教师的课堂更容易组织。

每一位老师，特别是学校的管理者，每当开展活动、组织一项工作、开展一次教育的时候，都可以用这两把尺子衡量一番，以防止价值观的扭曲。

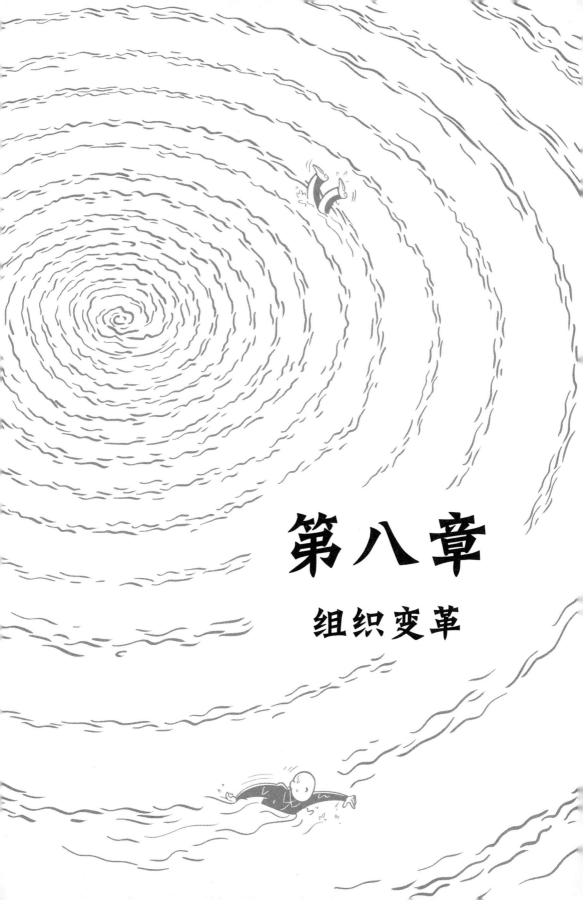

第八章

组织变革

你必须努力奔跑，才能保持目前的位置。

不少组织的领导者特别喜欢用这样的话鞭策员工；其实，最需要用这句话作为警示的，恰恰是领导者自身。

任何组织，当然包括那些业绩卓越的组织，都无一例外，需要发起一次次组织变革。原因十分简单，就是你所处的世界无时无刻不在变化。一些伟大的公司之所以伟大，就是因为它们在应对变化，特别是在应对巨大的时代之变时能基业长青，其秘诀正是组织业已形成的变革文化。

变革时机

绝大部分组织都会错过变革时机，原因大同小异：他们在顺风顺水的舒适区里感觉良好，他们的目标只有一个——把这种状态一直保持下去。

伟大的管理思想家查尔斯·汉迪发现的S型曲线定律比较简单而直白地告诉了我们这个道理。

在汉迪看来，S型曲线简要说明了生命的历程：最初缓慢尝试、蹒跚学步，其后迈向巅峰，最后盛极而衰。它也呈现了大英帝国、俄罗斯帝国和其他许多国家兴衰的过程。它诉说着产品的"生命周期"和无数组织起落的故事（见图8-1）。

图 8-1　组织的 S 型生命曲线

幸运的是，这并非一条被固化的命运曲线，它也是一条可以被突围、被改变的成长路径。每个人、每个组织都可以冲破命运的安排，另寻生机，找到持续成长的秘方。

汉迪给我们的秘方就是，在第一条S型曲线结束之前，另起一条新的曲线（见图8-2）。

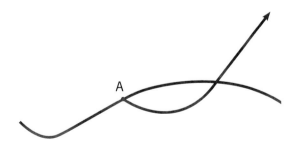

图 8-2　另一条生命曲线

如图8-2所示，组织变革的正确起点应该在A点。因为一个组织处于充满生机的上升期时，它有足够的资源，特别是拥有很好的组织号召力和凝聚力，能确保在第一条曲线开始下滑前，让新曲线及时超越其最初的摸索、挣扎期。

第二曲线能够从A点及早出发，再创高峰，是汉迪为我们描绘的组织再造的理想图景。

正所谓"理想很丰满，现实很骨感"，我们经常看到的情形往往是一个组织面临危机，在严重下滑的时候（见图8-3第一条曲线的B点处）才着手准备变革，但往往为时已晚，无力回天。

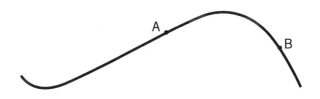

图 8-3　多数组织往往在 B 点处才开始变革

说到这里，一个更大的困惑来了：我们如何判定组织发展的曲线逻辑，就是说，我们怎么知道组织到了变革的最佳时机。正如汉迪发现的悖论，当你知道应该往哪条路走的时候，一切都已经过头了。或者更富戏剧性地说，假如我们沿着目前的路不断向前，**必然会错过通往未来的路**。

革，在接近优秀的顶点前做出了转型的战略选择，并且获得了第二曲线的生长（见图8-4）。

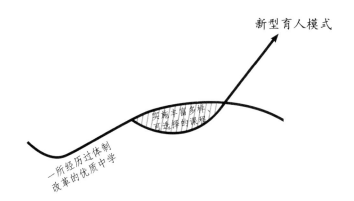

新型育人模式

丰富、多样、可选择的课程

一所经历过体制改革的优质中学

图 8-4　北京市十一学校的第一次转型

教师经历过漫长的挣扎与蜕变后，以学生为中心的价值观已较为牢固地扎根；以分布式、扁平化、分权制、制衡型的去行政化为特征的组织结构变革让每一位教职工创造出服务学生成长的有效策略；初步构建起的丰富、多样、可选择的课程体系让教师拥有了以学生需求为导向的课程意识和实施能力。此时，教师很容易再次走进舒适区，觉得自己的努力已经换来了学生的成长，自己也在艰难的蜕变中看到了教育回归的力量，似乎一切都已经做完了。

就在这个时候，北京市十一学校却重新回到教育出发的地方，叩问初心，召开学校战略峰会，100多位骨干教师封闭三天，分析痛点、排查风险，抛弃志得意满，自觉诠释"顶峰不是休息的地方"。

老师们借机理清了内部挑战，即"我们越关注和满足需求，学生的个性化需求就越来越多"；也分析了外部趋势，上海市、浙江省率先进入新高考模式，这意味着三年后全国各地将陆续进入新高考，指挥棒终于要变了；高中新课标修订工作启动、核心素养的提出让教育决策者再次思考培养什么人、怎样培养人和为谁培养人的时代命题；信息技术时代的高歌猛进让学校的围墙彻底坍塌了，未来的不确定性带来前所未有的社会焦虑。

面对这样的挑战和趋势，唯有再次主动走出舒适区，向最难攻克的地带——课堂发起挑战。只有每一天的课堂实现了"从教走向学"的转变，只有整个学校的文化始终聚焦"学习"来展开，才有可能为学生的未来发展奠基。

2016年和2018年，北京市十一学校连续两次教职工代表大会确立的主题都是"基于标准的学习"，确立了从教走向学的战略发展方向。

对北京市十一学校而言，具有战略意义的就是用三到五年的时间，通过"基于标准的学习"驱动，构建起一套能够落实核心素养、让师生拥有持续学习力的全新育人模式。只有用这样的目标引领，学校才有可能走上一条持续上升的健康道路。

"攻克一般人不能攻克的困难，才能到达一般人到不了的地方"，成为每个教职工再次出发的心声（见图8-5）。

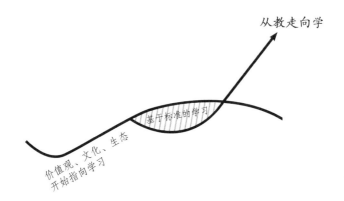

图 8-5 北京市十一学校的第二次转型

（沈祖芸供稿）

第三空间，让正确的人上车

和寻找组织变革的时机相比，更艰难的其实是变革本身。

人的天性倾向于固守现状。更何况，大多数人都在各种不同的组织中经历过一些对过去组织变革浪潮的失望，人们一般都不愿意再次将双脚踏入变革的浑水之中。所以，让人们迅速拥护一种新的变革，很难，何况是要他们投身于变革中。

拒绝变革的另一个更实际的原因，就是要许多人放弃已经成熟的经验、娴熟的技能、明显的优势，而去投入更大的精力从头开始，从一个师父的身份变成一个学徒，这是很不划算的选择，况且还有许多未知的风险。所以，你会发现，拒绝、观望、阻挠，以各种方式扯后腿的往往是过去的骨干。

由此可见，任何变革都不仅不会一帆风顺，事实上，从开始启航就注定异常艰难，即使是那些大部分人认为铁定正确的变革。

由于变革在娘胎里就带有不受欢迎的胎记，所以，我们最好还是不要一开始就把它推到聚光灯下，也不必带它去大庭广众下示人，正如一位颜值不高但品德好、能力高强的小伙儿，只有熟知的姑娘才会与之相恋。

于是，搭建变革的第三空间，培育先锋队，就成为推动变革的重要策略。

第三空间是什么？

20世纪90年代，星巴克率先将第三空间概念引入咖啡店中。他们认为，在家庭居住和职场两个空间外，星巴克可以成为一个宽松、方便，人们可以自由地释放自我的第三空间。在这种非家居非办公的状态中，通过资源和人气的积累，可以给人以文化、精神和环境的最佳体验。

目前看来，校园里物理上的第三空间太少，而变革的第三空间更不多见。

对一位老师来说，他的工作空间基本在年级和学科两个空间里，我们可否为那些愿意变革的老师提供一个既不属于年级，也不属于学科的第三空间呢？

当然可以，而且必须，但难度很大。

困难一：人们为什么要过来？

在原有的第一和第二空间里，大家已形成了各种规则、习惯、文化和利益分配方式，闯入第三空间就会立刻成为原来两个空间中的新闻事件。尽管尚未脱离原来的组织，但就一般的组织规则而言，你已经被贴上了另类的标签，在原有组织以后的利益分配中，很可能会被区别对待。

困难二：在第三空间里就能使变革加快甚或成功吗？

我为什么不可以在原来的空间中实现变革？第三空间里有名家大师可以点石成金，还是有灵丹妙药可以起死回生？

困难三：来到第三空间，我还有回去的路吗？

任何人都会有顾虑，何况是对成功与否尚不明朗的变革。

如果不能破解这些难题，你就不可能搭建起有人气的第三空间。

一个有足够吸引力的第三空间，应该让人们看见两个东西：一个是利益，一个是成长。

"我来到这个空间有什么利益？"千万不要回避这个，更不要因为自己的道德洁癖而看不上这个。利益分为显性利益和隐性利益。一开始必须特别强调显性利益，这些往往和资源享有、经费补贴有关；而隐性利益也必须创造条件尽早地让人们看见。

成长也必须是看得见的。放在较长的一个时期里衡量有些人确实成长了，但他们往往不自知，没有办法显性化，也就是说，看不见。这样的成长在第三空间里缺乏吸引力。成长可以分为点状成长和线性成长。一旦进入第三空间，应该创造条件以不同的方式使人们在短时间里看见点状的成长。随着变革的推进，要使人们开始感到自己或者别人系统性成长的可能路径。

在搭建第三空间的同时，必须考虑对变革先锋队的培育。只有先锋队形成了进行自身变革的能力，才能证明第三空间的成熟。

在先锋队培育方面，首先要慎重选择培育对象。特别要防止按照热情指数来确定先锋队。我们大都有这样的经验，那些遇到新生事物立马热血沸腾、心潮澎湃，甚至不能自已的人，并不适合做开路先锋。他们想问题大都比较简单，对困难和问题往往考虑不周，容易走极端，而且他们热得快，凉得也快，一旦遇到一丁点儿困难，便知难而退。

先锋队要率先走上一条未知之路，许多时候可能要进入无人区，因而仅仅有热情和态度远远不够，还必须有披荆斩棘、解决问题的能力，逢山开路、遇河搭桥的高强本领，尤其是解决复杂问题、疑难杂症的能力。这样的人大都不容易激动，也不会听了一个报告就被说服，他们深思熟虑，喜欢向你多问一些问题，有些甚至是你没有想过的问题。

能够领导先锋队的团队领袖应该有过持续成功的经历。要审查一下他的过去：刚入职的时候，他很快就成为学生喜欢的老师了吗？担任班主任的时候，业绩如何？后来参与的一项教学改革，有没有带来自我成长？如果确实历次都有好的结局，也就是说，具有持续成功的经历，这样的人往往就是变革先锋队比较理想的人选。

团队中其他骨干成员的需求同样不可忽视。要通过对变革愿景和个人目标的梳理，让每一位骨干成员的需求与变革的目标有关联。二者交汇的斜线区部分，才是变革初期发力的最佳区域，应在这个交汇区增强变革的号召力。当然，随着变革的不断深入，我们应该以策略和智慧，进一步扩大二者的交汇面积，进而也就扩大了共识，使变革进入自由王国（见图8-6）。

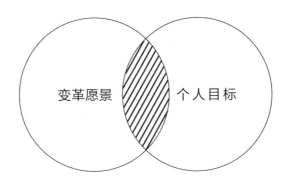

图 8-6 变革愿景与个人目标交汇图

　　另外，评价机制的跟进更为关键。对已经使用计算机的人，如果还是以打算盘的标准去评价他们，无疑会严重挫伤先行者的积极性。这就需要专为先锋队，也就是已经走在变革路上的团队和个人，修订过去已有的规范、流程、评价指标和评价方式。而且，这样的改变，事实上代表了学校未来发展的主流。当然，还有支持人员对客户关系的调整。换句话说，就是要加大对变革团队的支持力度，让更多的支持人员把他们视为客户，也包括变革先锋队作为客户如何评价支持人员。这些都是从组织结构角度保障变革健康推进的重要策略。

案例8-2　北京市十一学校"从教到学"变革团队教育教学诊断指标变革前后对比

变革前教育教学诊断指标	变革后教育教学诊断指标
老师能够支持和促进我自主学习	老师不仅关心我的学习，还注重引导我更好地做人做事
老师能给我有针对性的帮助	
老师注重我良好品德和习惯的培养，引导我更好地做人做事	老师注重帮助我确立目标，指导我做好规划
老师讲课精神饱满，思路清晰	我在老师的心目中有较高的位置
这位老师课堂效率高	老师善于激发我的学习兴趣
老师课堂上的教学能有效推动我的思考和参与	老师能够有效地激发我主动思考并解决学习中的问题
老师风趣幽默	老师在课上、课下提供的学习资源和工具对我很有帮助，我能从中选到适合自己的内容
这位老师是我本学期最喜欢的老师之一	
学科教室创设了我学习本学科的氛围	老师风趣、幽默，跟他／她学习愉快而有收获
我在老师心目中有较高的位置	老师能有效帮助我明确各阶段的学习目标，并有效评估目标的达成度
	学科教室创设的本学科氛围我很喜欢
	当我的学习态度、策略、方法、效果出现问题时，老师能发现并给予有效指导

说明：

1.变革后的指标，去掉了一些对"教"的描述，增加了对"学"的关注并进行了更加具体的行为描述。

2.从学生学习的视角出发，学习效果不应该仅仅局限在课堂中，而是要启动学生学习的自我系统。

3.在从教到学的战略背景下，关注教师由知识给予转向引导、支撑的作用。

4.在从教到学的战略背景下，如何确保课堂转型的品质，需要体现在由学科能力渗透向发展学生的关键能力转变，因此增加了这类题目。

（田俊、杜志华、沈祖芸供稿）

当然，培育先锋队不可只选一棵独苗，应该有意识地选择多元、多样、多个团队，从年级到学科都具有一定的代表性，以规避可能的风险。一般来说，新一轮变革的先锋队，不一定选择上一轮变革的关键人物，一个重要的原因就是让他们在最惬意的舒适区里选择放弃，他们往往难以割舍。当然，例外也有，那些始终对未来有着敏锐的感知，对组织的未来密切关注，不断刷新自我的人，是一个组织的宝贵财富。

即使这样，每个先锋队在变革之初和变革全过程中，都要重视对风险的管理。对各种可能产生的风险，应通过头脑风暴等方式进行排查；对大家认同的各种风险要共同分析可能带来的影响，最好以风险管理工具进行风险重要程度的衡量。以语文学科的课内大阅读教改为例，通过头脑风暴，可以发现几十个大小不等的风险。经过大家第一轮投票排序，得到七大风险（顺序见图8-7中的A—G），再按照风险产生的可能性和风险一旦产生可能造成的影响两个维度填入相应的网格图（见图8-7）。

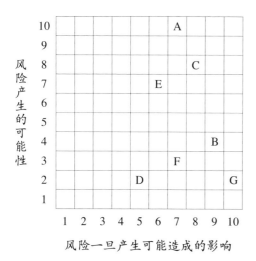

A.短期内教学成绩下降
B.部分家长有意见
C.学生不习惯
D.图书丢失或损坏
E.完不成教学进度
F.命题难度增加
G.与非教改班级教学脱节

图8-7　语文教改风险评估网格图

从上图可以看出，七大风险的顺序与第一轮投票结果发生了变化，按得分排序如下。

1.短期内教学成绩下降（A）　70分

2.学生不习惯（C）　64分

3.完不成教学进度（E）　42分

4.部分家长有意见（B）　36分

5.命题难度增加（F）　21分

6.与非教改班级教学脱节（G） 20分

7.图书丢失或损坏（D） 10分

可以看出，通过网格图的评估，大家对风险的认识与第一轮投票的顺序结果相比更加理性，也更方便找到管理风险的措施。如此，下一步就可用风险管理工具（见表8-1），来明确风险管理责任，找到解决问题的办法。

表 8-1 风险管理工具

序号	风险	分数	责任人	管理措施
1	短期内教学成绩下降	70	语文教师	每节课5分钟检测，教学目标注重基础
2	学生不习惯	64	语文教师	循序渐进，提供方法、步骤、流程、工具
3	完不成教学进度	42	教研组长 语文教师	详略得当，重点突出，有限目标
4	部分家长有意见	36	年级主任 教研组长	提前与家长沟通，定期沟通进展，让家长看见孩子的成长
5	命题难度增加	21	教导处 命题中心	校内外专家联合提前命题
6	与非教改班级教学脱节	20	学科主任	改变教研和评价方式
7	图书丢失或损坏	10	语文教师 班主任	配备学生助手管理图书

> 风险就像墓地中的鬼火，远远望去令人生畏，一旦找到它们便会自动消失。

有人说，风险就像墓地中的鬼火，远远望去令人生畏，一旦找到它们便会自动消失。经历过变革的人对此深以为然。

探索期的管理

讨论探索期，我们还必须回到汉迪给我们提供的S型曲线（见图8-8）。

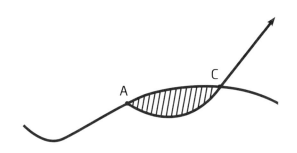

图 8-8 组织的两条 S 型生命曲线

图中从A点到C点两条曲线中间的斜线带，是组织变革过程中艰难的探索期。在这个过程中，组织内动荡、挣扎、冲突甚至混乱，这个时期的领导力决定着这个斜线区面积的大小，也决定着第二条曲线能否在C点，也就是第一条曲线尚未下滑的时候，脱颖而出。

因为在探索期里充满了交锋，对交锋双方的力场分析（Force Field Analysis）就显得举足轻重。仍以语文课内大阅读教改为例，我们来进行一下力场分析（见图8-9）。

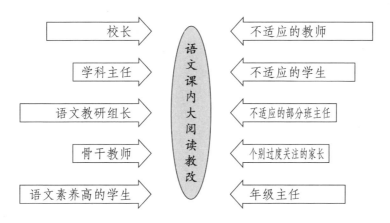

图 8-9 语文课内大阅读教改项目力场分析

从图8-9中我们可以发现，支持力最关键的在于语文教研组长，而最大的阻力来自不适应的教师。经过力场分析，我们可以明确阻力在何方、阻力有多大。接下来一个重要的环节是对阻力进行分类和管理（见图8-10）。

可转化为动力的	可以抵消的	不触动即无阻力	真实的阻力
年级主任 班主任	家长之间	其他学科教师	不适应的学生和 不适应的教师

图 8-10　语文课内大阅读教改项目阻力分类

有了力场分析，我们就可以找到哪些阻力可以转化为有利因素，甚至积极力量，哪些是目前尚飘忽不定的关键人物。注意，在探索期里，这样的人很多，但不要把他们全揽过来，那样会很危险。因为你的精力、资源和变革的节奏都使你无法对他们全心关注，他们很容易过来又回去，左右摇摆，这反而容易造成更大的负面影响。应该只选取其中的关键人物，全方位地帮助他们实现转型，这样做意义非凡。

何为关键人物？就是具有"卡脖子"效应的人物。在变革过程中，他们不动，别人动不了，也不敢动。他们一旦动了，别人立马跟进，顺理成章。可见，在教学变革中，年级教研组长是最为关键的人物，学科主任也在此列，但远没有教研组长关键。

> 最成功的领导者是把下属培养为领导者的人，是把领导者培养为变革者的人。

有人说，最成功的领导者是把下属培养为领导者的人，是把领导者培养为变革者的人。对一个组织的领导者而言，这是最大的挑战，但也是一位优秀的领导者无法回避、必须面对的。

在探索期里，要注意培养一批速赢项目，比较早地、不断地让成功冒出来，而且要注意庆祝成功。

走在变革道路上的人，最渴望见到曙光，看到真实存在的希望。尽管他们已经从领导者那里相信了变革的愿景，但真正能够支撑愿景的还是已经发生了的成功。

从S型曲线的A点到C点，很漫长，你不可能靠未来的C点来支撑当下这个现实的、难熬的过程。所以，有意设计一些成功，尤其是有意培育一批速赢项目，以支撑变革挪到C点就非同小可。

譬如，有的学生明显喜欢语文课了，有的学生作文的开头有起色了，有的学生在课堂检测中成绩提升了，这些表现如果不加设计，在老师眼里很难和成功关联。领导者必须通过数据汇总、因果分析，去擦亮闪光点，放大成功的价值，并通过有仪式感的方式庆祝成功。

当然，比较容易操作的方式是搭建分享的平台，让各路变革先锋队的队员展示阶段性探索成果。这样的展示不仅可以让展示者自身受到鼓舞，也可以使其他参与者从别人的身上看到自己的未来——成功就在身边，成功并非遥不可及。这样的氛围，可以让各路先锋队队员们抱团取暖。

鼓励先进，允许落后。

探索期管理的一个重大原则就是坚持鼓励先进，允许落后。变革时最忌讳的是把一个组织分为对立的两个群体。

鼓励先进不难，也容易操作，但允许落后却需要认真对待。为什么？因为变革探索期的所谓"落后者"并非真的是落后，这其实属于常态。也许在你没有启动新一轮变革前，他们还戴着先进的帽子。如果由于我们的一小部分人，在新的变革道路上往前跨出了一步，我们就立马翻脸，认定一直好好走着的人们为落后分子，未免过于势利，也会令人心寒。在这一批人里，有许多就是上一轮变革的先行者，我们决不能因为他们这一次还没有完全想清楚，不敢贸然前行，就小看他们。

还有，要保持竞争力，组织要有连贯、一致的战略，要在两种管理之间取得平衡，进攻的确很重要，防守的意义也不容忽视。

允许落后还有一个重要的考虑就是，那些"落后者"在巩固着大后方。先锋队在前方摸爬滚打，是福是祸不好预测，成功失败尚有变数，有一大批人，暂时以固有的姿态从容保持既有的飞翔姿势，可以使一个组织保有相对的稳定性，他们时不时从另一个角度给点质疑、泼点冷水，可以使变革者不至于头脑发热，也可以防止出现思维的盲区。从某种意义上说，他们是在另一个方阵里支持变革——感谢他们，应该发自内心。

领导者的天性，也是领导者共同的弱点，是喜欢一个组织里的人们遵循相同的道路。齐步走是看上去很诱人的组织行为，但却是最具风险的组织表象。

> 齐步走是看上去很诱人的组织行为，但却是最具风险的组织表象。

试想一下，如果每次变革都一呼百应，一拥而上，连那些并没有弄清变革内涵的人们都冲锋陷阵——这样的变革着实可怕，失败注定会发生。

由此可见，在从A点到C点中间的斜线带里，绝不是单纯的变革，而是调整整个组织的运行方式。围绕变革主线，组织的结构、制度、文化都需要配套演变。只有这样，才能使第二条曲线到达C点的时候能够脱颖而出，以健康的姿势瞄向新的目标。

组织再造

经过新一轮组织变革后，组织必须回到本书开篇时谈到的组织结构调整上面。事实上，这种调整从变革之初就开始了铺垫和尝试。

毋庸置疑，组织再造的重点在教育教学一线。其中，既有它与上层管理者汇报关系的变化，也有其本身内部结构的调整。

研发平台的增减相对简单，但却是组织变革中最敏感的地带。一般来说，变革的酝酿准备期大都发生在研发部门，所谓"春江水暖鸭先知"也。新搭建什么样的研发平台，在什么研发项目上投入更多的资金，研发的周期有多长，整合什么样的人员进入平台，这些都是启动变革的前奏。

即便战略高层，也会随着变革节奏调整他们各自的站位。如果新一轮变革的学术性极强，对学术委员会的责权利就应有新的、更多的考量。如果变革朝向更好地落实学生的中心地位，学生代表大会、家长代表大会就应有更大的作为。

培育内心的哨兵

有人说，学校最大的风险来自校长，学校最大的瓶颈往往也是校长。

这句话是不是很刺耳？是不是让我们这些鞠躬尽瘁、献身于学校的领导者感到很不舒服？

事实上，一位优秀的领导者，必须坚定地与自我感觉良好告别，时刻对自己和自己所领导的组织保持警觉。培育你内心强大的哨兵，对风险的扫描应该成为自己工作的常态，甚至应该有些夸张地在组织内有意推销面临的风险。

如果我们能够接受关于校长有可能构成风险和成为瓶颈的判断，那也就意味着一个组织的领导者自我认知能力的不可或缺。因为我们所处的地位，在我们周围，一般很难产生一些为我们管理这种风险、打破这个瓶颈的力量，这也正是一个领导者必须培育自己内心哨兵的原因。

每一位组织的领导者，在一定时期里，都要协同内心的哨兵把自己和组织的关系、对组织的价值进行理性评估，理清自己在不同人生阶段的真正优势，以此与组织未来一个时期的战略目标相比照，判断自己在组织中应有的价值和实际的可能，切实防止自己成为组织的瓶颈，更不可引发组织的风险，确保一个组织始终处于可以不断进行自我修复的变革之路上。

杰出的领导力专家约翰·麦克斯韦尔（John Maxwell）曾经满怀深情地说，真正的领导者将自我放到一边，竭力去培养超越自己的继任者。他们做好规划，在他们依旧以最快的速度奔跑的情况下，淡然自若地将接力棒传递下去。

这正是一位领导者应该追求的境界。

人类到现在尚没有解决令自己苦恼的一个问题：一个组织的生命常常与组织中的领袖人物有着过度的关联。

一个组织的辉煌，常常是因为他们迎来了一位卓越的领导者，而一个组织的衰亡，也大抵由于相反的原因。学校的情形也大致如此。正如社会上普遍流传的，一位好校长就是一所好学校，反之亦然。

我们当然不会无视这种现象带来的积极意义，然而，它隐含的消极影响，也同样给组织的发展带来了诸多困扰。

最大的困扰就是，一个组织似乎没有自己的生命周期，组织的生命似乎是由于它的领导者更替而被分割为几段，大部分组织甚至有几位领导者就明显地被分解为截然不同的几个阶段。这些不同的阶段自成体系，他们并不是组织本身作为一个独特的生命应有的发展逻辑。这些组织的领导者，常常把自己绑在组织的机体之上，甚至把组织视为自己的生命，扮演着一个救世主的角色而深陷其中，掉入一个永远也离不开组织的陷阱，以至于走上所谓同呼吸、共命运的迷途。

我们有必要为这样的组织领袖泼一盆冷水，我们深知，这样的组织不可能有自己的生命，其未来充满极大的变数。无论是把一个人绑在一个组织身上，还是把一个组织绑在一个人身上，都必然有着所谓荣衰与共，甚至同归于尽的巨大风险。

一个健全的组织，应该有自己的五脏六腑，有大脑可以思考，有肺可以呼吸，有胃肠可以消化，有心脏提供动力。每一个组织的领导者，应该真正把一个组织当作一个健全的生命，认真研究其生长规律，小心呵护它的三头六臂，用心感受它的喜怒哀乐，把自身的力量和组织的生命适度分开，认真权衡自己在组织中的力量，小心把握自己用力的分寸，有所不为有所为，和整个组织的人们一起，齐心协力，让组织成为一个可以自我生长的机体。

如果真如我们所愿，对一个有着良好结构和健康机制的组织，领导者应该用力很轻。

2019年2月17日

参考文献

[1] 王弼. 老子道德经注[M]. 楼宇烈，校释. 北京：中华书局，2011.

[2] 明茨伯格. 卓有成效的组织[M]. 魏青江，等译. 北京：中国人民大学出版社，2007.

[3] 汉迪. 空雨衣[M]. 周旭华，译. 杭州：浙江人民出版社，2012.

[4] 德鲁克. 卓有成效的管理者[M]. 许是祥，译. 北京：机械工业出版社，2009.

[5] 斯彼德. 绩效考评革命[M]. 龚艺蕾，译. 北京：东方出版社，2007.

[6] 麦克斯韦尔. 领导力的5个层次[M]. 任世杰，译. 北京：金城出版社，2012.

[7] 曼昆. 经济学原理[M]. 梁小民，梁砾，译. 7版. 北京：北京大学出版社，2015.

[8] 高建华. 笑着离开惠普[M]. 北京：商务印书馆，2006.

[9] 格鲁夫. 格鲁夫给经理人的第一课[M]. 巫宗融，译. 北京：中信出版社，2017.

出版人 李　东
特约编辑 沈祖芸
责任编辑 刘　灿
封面设计 奇文云海
版式设计 许　扬
内文插画 王晨瑀（北京市十一学校毕业生）
责任校对 贾静芳
责任印制 叶小峰

图书在版编目（CIP）数据

学校如何运转 / 李希贵著. —北京：教育科学出
版社，2019.8（2022.9 重印）
ISBN 978 - 7 - 5191 - 1959 - 1

Ⅰ.①学… Ⅱ.①李… Ⅲ.①学校管理 Ⅳ.①G47

中国版本图书馆 CIP 数据核字（2019）第 160603 号

学校如何运转
XUEXIAO RUHE YUNZHUAN

出版发行　**教育科学出版社**

社　　址 北京·朝阳区安慧北里安园甲 9 号	**市场部电话** 010 - 64989009
邮　　编 100101	**编辑部电话** 010 - 64981245
传　　真 010 - 64891796	**网　　址** http://www.esph.com.cn

经　　销 各地新华书店
印　　刷 运河（唐山）印务有限公司

开　　本 720 毫米 × 1020 毫米　1/16	**版　　次** 2019 年 8 月第 1 版
印　　张 13.5	**印　　次** 2022 年 9 月第 12 次印刷
字　　数 120 千	**定　　价** 68.00 元

如有印装质量问题，请到所购图书销售部门联系调换。